KB212989

인과를
알면
행복한
수행자

부처님 경전에서 뽑은 인과 이야기

인과를 알면

무심 엮음

인과를 철저히 믿고 몸과 말과 생각을 바르게
해서 살아간다면 행복은 저절로 찾아 옵니다.
자기가 말하고 행동한 것은 꼭 열매를 맺습니
다. 한치의 인과에서도 벗어날 수가 없습니다.

선한 말과 선한 행동은 즐거움과 행복한 열매를
맺고 악한 말, 악한 행동은 괴로움과 고통의 열매
를 맺습니다. 인욕하면서 선행을 쌓아나가면 어둠
은 걷히고 밝고 즐거운 행복이 찾아올 것입니다.

행복한
수행자

샘수

지금 행복한
삶을 원하십니까

모든 생명은 모습만 바꾸면서 영원히 사는 존재입니다.

어떻게 모습을 바꾸는가. 그것은 자기 자신에게 달려 있습니다. 부자가 되는 것, 건강하게 태어나는 것, 장애가 없는 것 이 모든 것들이 자기 하기 나름이라는 것입니다.

우리는 한치의 인과에서도 벗어날 수가 없습니다.

현재 나에게 일어나는 행·불행은 모두 내가 과거생에 지은 결과인 것입니다. 그렇기 때문에 나에게 불행한 일이 일어난다고 해서 남을 원망해서는 안 됩니다. 불행이 일어나는 즉시 참회를 하고 내탓으로 돌릴 줄 알아야 합니다.

지금 당장 나를 바꾸지 아니하면 나의 미래는 점점 더 불행해질 것입니다. 스스로 자신의 마음을 잘 살펴서 청정하게 가꿔야 합니다. 자기 마음을 다스리면서 작은 선이라도 실천한다면 나의 주위도 깨끗해지고 편안해질 것입니다.

마음을 편안히 다스리는 법은 욕심을 버리는 것입니다.

내가 잘났다는 마음, 댓가를 바라는 마음, 인정받고자 하는 마음, 구하는 마음 등을 버리는 것이야말로 진실한 보시를 하는 것이요 도에 들어가는 첫 번째 문인 것입니다.

남에게 보시하고, 따뜻한 말을 해주고, 최선을 다하면 마음이 밝아집니다. 마음이 밝아지면 지혜가 생기고, 지혜가 생기므로 어려운 일이 없어지고, 어려운 것이 없어지니 두려움이 없어지고, 두려움이 없으므로 당당하고, 당당하니 걸림 없고 더욱 진실합니다. 이 사람이야말로 참으로 장부의 길을 간다고 할 수 있을 것입니다.

어느날 산승은 현우경賢愚經을 보면서 가슴 벅찬 감동을 받았습니다. 참선정진을 하면 할수록 자기 자신을 되돌아보게 되었고 뼛속깊이 참회하였습니다. 악을 짓지 않고 모든 선을 받들어 행하면서 실천수행하는 일이야말로 자신을 행복하게 만들고 남들도 행복해질 수 있는 비결임을 확신하게 되었습니다.

자기가 말하고 행동한 것은 꼭 열매를 맺습니다. 선한 말과 선한 행동은 즐거움과 행복한 열매를 맺고, 악한 말과 악한 행동은 괴로움과 고통의 열매를 맺습니다. 날마다 인욕하면서 선행을 쌓아나가면 어둠은 걷히고 밝고 즐거운 행복이 찾아올 것입니다.

모든 사람들의 행복과 국가의 태평을 기원하면서 삼가 부끄러움을 무릅쓰고 책을 엮었습니다.

불기 2561년 관음봉 자락에서 무심 합장

차례

머리말
지금 행복한 삶을 원하십니까

작은 선이라도 즉시에 받들어 행하라

눈 앞에 할 일이 보이거든 즉시에 행하라

작은 선이 모여 태산이 되고

작은 나무가 커서 큰 고목이 된다

작은 악이라고 함부로 짓지 말라

작은 악이 쌓여서 바다가 되고

후일에는 큰 고통과 불행으로 바뀐다

제1장

자신을 버리고
도에 들어가는
인연

전생의 보시로 추녀에서
아름다운 왕녀가 된
장자의 딸

어느 때 부처님은 사위국 기수급고독원에 계셨다.

그 때 프라세나지트왕의 큰 부인이 딸을 낳았는데 이름을 파사라라고 하였다. 딸은 얼굴이 추악하고 살갗은 거칠어 낙타가죽 같았으며 머리털은 억세어 말총과 같았다.

왕은 딸을 보고도 조금도 기쁜 마음이 없었고 궁 안에 명령하여 바깥사람으로 하여금 보지 못하게 하였다. 단지 아랫 사람들에게 '공주가 비록 추악하나 잘 보호해 기르라'고 명령하였다.

딸은 차츰 자라 시집 갈 나이가 되었다. 왕은 매우 걱정스러웠으나 다른 방법이 없었으므로 신하에게 명령하였다.

"그대는 지금 가서 근본은 큰 성의 거사 출신이나 지금은 가난하여 재물이 없는 이를 찾아 곧 데리고 오라."

왕의 분부를 받은 신하가 어떤 빈궁한 가문의 아들을 찾아내어 왕에게로 데리고 왔다.

왕은 그에게 자세한 사정을 이야기하였다.

"내게 딸이 하나 있는데 얼굴이 매우 추악하여 출가할 곳을 찾으려 하였으나 아직 적당한 곳이 없었다. 들으니 그대는 큰 가문으로서 지금은 비록 가난하지만 그것은 내가 모두 도와주겠다. 바라건대 그대는 거절하지 말고 내 딸을 받아 달라."

장자 아들은 꿇어앉아 아뢰었다.

"대왕의 분부를 받들겠습니다. 가령 왕이 개를 주신다 해도 받아들여야 하겠거늘 하물며 대왕의 몸인 공주님이겠습니까."

왕은 곧 딸을 가난한 이의 아내로 주고 그들을 위하여 궁전과 집을 짓고 문을 일곱 겹으로 만들게 하였다.

그리고 왕은 사위에게 명령하였다.

"너는 자물쇠를 가지고 있으면서 혹 밖에 나갈 일이 있거든 문을 밖으로 잠가야 한다. 내 딸은 세상에 둘도 없이 추하다. 바깥 사람들이 그 꼴을 보지 못하도록 항상 문을 잠그고 으슥한 곳에 가두어 두라."

왕은 재물과 모든 필요한 것을 사위에게 대 주어 모자람이 없게 하고 그 위에 벼슬까지 주어 대신을 삼았다.

재물이 풍족해진 사위는 여러 귀족들과 날마다 번갈아가면서 연회를 베풀었다. 그 연회에는 부부가 같이 나와 서로 즐겼다. 그런데 다른 사람들은 모일 때마다 모두 부인을 데리고 나오는데 이 대신만은 언제나 혼자였다. 그래서 사람들은 이상하게 생각하였다.

"저 사람 부인은 얼굴이 단정하고 아름다워 뛰어난 미인이거나 그렇지 않으면 너무 추해 나타나지 못하는 것이니라. 이제 우리가 꾀를 부려 그 부인을 한번 보도록 하자."

이렇게 의논한 뒤에 대신에게 자꾸 술을 권하여 취해 눕게 하였다. 그리고 그가 가진 자물쇠를 끌러 가지고 다섯 사람을 보내 집에 가서 문을 열어 보았다.

그 때에 대신의 부인은 마음으로 괴로워하고 스스로 죄업을 꾸짖으면서 한탄하고 있었다.

'나는 전생에 무슨 죄를 지었기에 남편의 미움을 받아 항상 어두운 방에 갇혀 있으면서 해도 달도 사람들도 보지 못하는가.'

그리고 이렇게 생각하였다.

'지금 부처님은 세상에 계시면서 일체 중생을 이익하게 하시고 괴로운 액을 만난 이는 모두 구원을 입는다는데 나도 말씀을 드려 봐야겠다.'

여인은 지극한 마음으로 멀리서 부처님께 예배하면서 빌었다.

"원컨대 저를 가엾이 여기시어 제 앞에 나타나 잠깐 가르쳐 주소서."

여인의 정성과 공경하는 마음은 순수하고 돈독하였다. 부처님은 그 뜻을 아시고 곧 그 집으로 오시어 여인 앞에서 땅에서 솟아올라 검푸른 머리털을 나타내어 여자로 하여금 보게 하셨다.

여인은 고개를 들어 부처님 머리를 보고 못내 기뻐하였고 공경하는 마음이 더욱 깊어졌다. 그러자 그 여자의 머리털도 저절로 가

자신을 버리고 도에 들어가는 인연

늘고 부드러워지면서 검푸른 색으로 변하였다.

부처님은 다시 얼굴을 나타내셨다. 여자가 그것을 보고 기뻐하자 얼굴이 단정해지면서 추악한 모양과 거친 피부는 저절로 사라졌다.

부처님은 다시 상반신을 나타내어 금빛처럼 빛나는 몸을 그 여자로 하여금 보게 하셨다. 여인은 부처님 몸을 보고는 더욱 기뻐하였다. 기뻐하였으므로 추악한 모양은 곧 사라지고 몸은 단정하여졌다. 마치 천녀처럼 기묘하여 세상에서 아무도 미모를 따를 이가 없었다.

부처님은 여자를 가엾이 여기시고 다시 온 몸을 나타내셨다. 여인은 자세히 살펴보면서 눈도 깜빡이지 않고 기뻐서 어쩔 줄을 몰랐다. 그러자 여인의 온 몸이 단정해지면서 품위가 세상에서 드물었으며 추악한 모양은 흔적도 없이 사라졌다.

부처님은 여인을 위해 설법하셨다. 법을 들은 여인은 곧 온갖 허물이 없어지고 어느새 깨달음을 얻었다. 여인이 도를 얻자 부처님은 이내 사라지셨다.

이 때 귀족들의 명을 받은 다섯 사람은 사립문을 열고 안으로 들어가 보았다. 부인의 모습은 단정하고 뛰어나게 아름다워 짝할 이가 없을 것 같았다. 그들은 저희들끼리 말하였다.

"그 사람이 부인을 데리고 다니지 않는 것을 이상히 여겼더니 과연 부인이 이처럼 아름답구나."

그들은 부인을 보고는 문을 닫고 돌아와서 자물쇠를 남편의 허리에 다시 매어 두었다.

사위는 술이 깨어 연회를 파하고 집으로 돌아갔다. 문을 열고 들어가 부인을 보았는데 그 얼굴은 참으로 단정하고 기묘하며 특별히 뛰어나 인간에게서는 보기 어려운 모습이었다.

그가 놀라 물었다.

"당신은 누구요?"

아내가 대답하였다.

"저는 당신의 아내입니다."

"당신은 참으로 추하였는데 지금은 어떻게 이처럼 아름답소?"

아내는 그 동안의 일을 자세히 설명하였다.

"저는 부처님 인연으로 이런 몸을 받았습니다. 저는 지금 아버지인 부왕을 뵈옵고 싶습니다. 당신은 저의 뜻을 전해 주십시오."

그는 아내 말대로 곧 왕에게 가서 아뢰었다.

"공주가 지금 여기로 와서 뵈려고 합니다."

왕은 대답하였다.

"그런 말일랑 하지 말고 어서 문을 굳게 잠그고 밖에 나오지 못하도록 하라."

사위는 말하였다.

"어찌 그렇게 하겠습니까. 공주는 지금 부처님 은혜를 입고 얼굴이 아름답기가 천녀 같사옵니다."

왕은 그 말을 듣고 응낙했다.

"만일 그렇다면 가서 데리고 오라."

왕이 수레를 보내어 딸이 궁으로 들어왔다. 왕은 그 딸이 뛰어나게 아름다운 것을 보고 기뻐서 어쩔 줄을 몰라 했으며 곧 부인과 딸과 사위를 데리고 부처님께 나아가 예배하고는 한쪽에 섰다.

프라세나지트왕은 꿇어앉아 부처님께 사뢰었다.

"이상하나이다. 이 아이는 전생에 어떤 복을 지었기에 부유하고 즐거운 왕가에 태어났사오며 또 어떤 허물을 지었기에 추하고 더러운 몸을 받아 피부와 모발은 거칠고 억세어 축생보다 더하였나이까? 원컨대 부처님께서는 말씀하여 주소서."

부처님이 말씀하셨다.

"사람이 세상에 태어남에 단정하고 추한 것은 다 전생에 지은 죄와 복의 갚음으로 되는 것이니라. 지나간 옛적에 비나라시라는 큰 나라가 있었고 그 나라에 재물이 한량없는 장자가 있었다. 장자의 집안은 푸라데카부처를 늘 공양하였다. 그런데 그 푸라데카부처는 몸이 거칠고 얼굴은 추하며 여읜 그 꼴은 차마 볼 수 없었다.

그 때 장자에게는 딸이 있었다. 딸은 날마다 오는 푸라데카부처를 보고 미워하고 업신여겨 '얼굴은 추하고 피부는 거친 것이 어찌 저리 미운가?'고 꾸짖었다.

어느 날 푸라데카부처는 세상을 하직하고 열반에 들려고 하였다. 그래서 단월(시주)인 장자를 위해 갖가지 신통을 부렸다. 허공에 솟아올라 몸에서 물과 불을 뿜으면서 동쪽에서 솟아 서쪽으로 꺼지고, 서쪽에서 솟아 동쪽으로 꺼지며, 남쪽에서 솟아 북쪽으로 꺼지고, 북쪽에서 솟아 남쪽으로 꺼졌다. 또 허공에서 앉기도 하고 눕기도 하면서 갖가지 변화를 나타내었고 집 사람들을 모두 보게 한 뒤 허공에서 내려와 그 집으로 돌아왔다.

장자는 신통을 보고 한량없이 기뻐하였고 딸은 곧 잘못을 뉘우치고 스스로 꾸짖고는 사죄하였다.

'원컨대 존자는 용서하소서. 제가 나쁜 마음으로 지은 죄가 너무 무겁습니다. 부디 마음에 두지 마시고 모든 죄를 용서하소서.'

푸라데카부처는 딸의 참회를 들어 주었느니라."

부처님은 이어 말씀하셨다.

"그 때 왕의 딸이 바로 지금의 공주다. 공주는 나쁜 마음으로 푸라데카부처를 비방하였기 때문에 스스로 입의 허물을 지어 그 이후로 언제나 추한 형상을 받았다. 그러나 신통을 보고 스스로 참회하였기 때문에 다시 단정한 몸을 받고 사람보다 뛰어난 재주는 아무도 따를 이가 없었으며 부처님을 잘 공양하였기 때문에 나는 세상마다 부귀하고 이제 해탈을 얻었느니라. 대왕이여, 이와 같이 형상이 있는 일체 중생은 부디 몸과 입을 잘 단속해 함부로 남을 업신여기거나 나무라지 말아야 하느니라."

푸라세나지트왕과 여러 신하들과 대중들은 부처님이 말씀하시는 인연과 과보 이야기를 듣고 모두 믿고 공경하였으며 믿는 마음으로 말미암아 위없는 평등한 뜻을 내는 이도 나타났고 물러나지 않는 자리에 머무는 이도 있었다.

동전 두 닢 보시한 공덕으로
나무꾼에서 수행자가 된
금재

•••••🪷•••••

어느 때 부처님은 사위국 기수급고독원에서 제자 천이백오십 인 과 함께 계셨다.

그 때 성 안에 큰 장자가 있었는데 부인이 아이를 낳아 이름을 금재金財라 하였다. 아이는 단정하고 외모가 뛰어나 세상에 짝이 없을 정도였으나 태어날 때 주먹을 쥐고 나와 부모가 놀랐다. 이를 상서롭지 못한 일이라 생각한 부모가 손금을 보려고 아이의 두 주 먹을 폈다가 동전 두 닢이 그 안에 있는 것을 보았다. 부모가 이상 히 여겨 그것을 거두어 가져갔는데 한번 거두어가면 그 자리에 돈 이 다시 생기고 다시 가져가면 또 생기곤 하였다. 이렇게 부지런히 가져가서 창고에 돈이 가득 찼지만 아이 손에서는 다하는 일이 없 었다.

어느덧 의젓하게 장성한 아이는 부모에게 아뢰어 출가하기를 청 하였다. 부모는 뜻을 거스르지 않고 허락하였다.

금재는 부처님께 나아가 땅에 엎드려 예배하고 사뢰었다.

"원컨대 부처님께서는 저를 가엾이 여겨 제가 출가하여 도에 들어가기를 허락하소서."

부처님은 말씀하셨다.

"너의 출가를 허락한다."

금재는 부처님의 허락을 받아 수염과 머리를 깎고 가사를 입고 사미가 되었다. 나이가 차서 여러 스님들 앞에서 구족계를 받게 되었다. 금재가 단壇에 나아가 스님들에게 차례로 예배하였는데 절할 때 두 손을 땅에 짚으면 손을 짚은 곳에는 동전 두 닢이 있었다. 금재는 계를 받고 부지런히 정진하여 아라한이 되었다.

아난다는 부처님께 사뢰었다.

"알 수 없나이다. 부처님이시여, 금재 비구는 본래 어떤 복을 지었기에 나면서부터 손에 돈을 쥐었나이까? 원컨대 말씀하여 주소서."

부처님은 말씀하셨다.

"먼 옛날 91겁에 비파시인이라는 부처님이 세상에 나타나 바른 법으로 교화하여 헤아릴 수 없는 중생들을 제도하셨다. 부처님이 스님들을 데리고 나라 안으로 들어가시면 여러 귀족들과 장자들은 음식을 마련하여 부처님과 제자들을 공양하였다.

그 때에 어떤 가난한 사람이 재물이 없어 항상 들에 나가 나무를 하여다 팔았는데 마침 나무를 팔아 돈 두 닢을 받았다. 그는 부처님과 스님들이 왕의 초청을 받는 것을 보고 기쁘고 공경하는 마음으로 곧 그 돈 두 닢을 부처님과 스님들에게 보시하였다. 부처님은 그를 기특하게 여겨 받아 주셨느니라."

부처님은 이어 말씀하셨다.

"그 때의 그 가난한 사람은 돈 두 닢을 부처님과 스님들에게 보시하였기 때문에 91겁 동안 항상 돈을 쥐어 마음대로 재물을 쓰되 다하는 일이 없었다. 그 때 도를 얻지 못하였더라도 미래의 과보는 한량없을 것이다. 그러므로 아난다야, 일체 중생은 모두 부지런히 보시하는 것으로 업을 삼아야 하느니라."

그 때 아난다와 대중들은 부처님 말씀을 듣고 모두 믿고 이해하였다. 그래서 깨달음의 결과를 얻는 이도 있고, 아라한을 얻는 이도 있었으며, 위없는 바르고 참된 도로 향하는 마음을 내는 이도 있었고, 물러나지 않는 자리에 머무르게 된 이도 있었다.

모든 대중들은 부처님 말씀을 듣고 받들어 행하였다.

자신의 몸을 해친 가리왕을 구한
선인 찬제파리

어느 때 부처님이 라자그리하 죽림정사에 계셨다.

그 때 부처님께서는 처음으로 도를 얻어 다섯 비구를 제도하셨고 이후 사람을 제도하는 범위가 점점 넓어져 그 은혜를 입은 이가 많았다. 그래서 라자그리하 사람들은 한량없이 기뻐하면서 찬탄하지 않는 이가 없었다.

"부처님께서 세상에 나오심은 참으로 기이하고 특별한 일로서 중생들이 모두 고통에서 벗어난다."

또 사람들은 아라한이 된 다섯 비구들을 칭송하였다.

"저 다섯 비구들은 전생에 부처님과 무슨 인연이 있었기에 법고가 처음 울리자마자 가장 먼저 법을 듣게 되어 감로의 맛을 보는가."

부처님의 제자들은 여러 사람들의 이런 말을 듣고 곧 부처님께 나아가 여쭈었다.

부처님은 말씀하셨다.

"나는 과거에 저 다섯 비구들과 함께 큰 서원을 세웠고 만일 내가 도를 이루면 먼저 저들을 제도하리라고 생각했다."

제자들은 이 말씀을 듣고 다시 부처님께 사뢰었다.

"오랜 과거에 함께 서원을 세우신 그 사실이 어떠하나이까. 저희들을 가엾이 여겨 설하시기 바라나이다."

부처님은 말씀하셨다.

"오랜 과거 한량없고 가엾으며 헤아릴 수 없는 아승지 겁에 잠부드비이파에 나라가 있어 수도 이름을 바라나시라 하셨고 당시 국왕 이름은 가리라고 하였다.

나라에 큰 선인仙人이 있어 이름을 찬제파리라고 하였는데 그는 오백 제자들과 함께 숲속에 살면서 인욕忍辱을 수행하고 있었다.

어느 때 국왕은 신하들과 부인과 궁녀들을 데리고 산에 들어가 놀게 되었다. 왕은 피로해 누워 쉬고 있었다. 궁녀들은 왕을 버려두고 돌아다니면서 숲속의 꽃을 구경하다가 선인 찬제파리가 단정히 앉아 생각에 잠겨 있는 것을 보고 가만히 공경하는 마음이 생겨 온갖 꽃을 따다 그 위에 흩고 이내 그 앞에 앉아 선인의 설법을 듣고 있었다.

왕은 잠에서 깨어 주위를 돌아보았으나 여인들이 보이지 않아 네 대신을 데리고 같이 가서 찾아보았다. 그러다가 여인들이 선인 앞에 앉아 있는 것을 보고 곧 선인에게 물었다.

'너는 네 가지 공空의 선정을 얻었는가?'

선인은 대답하였다.

'얻지 못하였습니다.'

'네 가지 무량심無量心을 얻었는가?'

'얻지 못하였습니다.'

'네 가지 선정은 얻었는가?'

'얻지 못하였습니다.'

왕은 화를 내어 말하였다.

'너는 그런 공덕을 모두 얻지 못하였으니 하나의 범부니라. 그러면서 혼자 여인들과 그윽한 곳에 있으니 어떻게 믿을 수 있겠는가.'

왕은 다시 물었다.

'너는 항상 여기 있으니 어떤 사람인가. 또 무엇을 수행하는가.'

선인은 대답하였다.

'인욕을 수행하고 있습니다.'

왕은 곧 칼을 빼며 말하였다.

'만일 욕됨을 참는다면 나는 너를 시험해 능히 참는가를 알아보리라.'

왕이 그의 두 손을 끊고 물었다.

'그래도 욕됨을 참는다고 말할 수 있겠는가.'

또 두 다리를 끊고 물었다.

'그래도 욕됨을 참는다고 말할 수 있겠는가.'

다음에는 귀와 코를 끊었다. 그는 얼굴빛도 변하지 않았다.

자신을 버리고 도에 들어가는 인연

23

'그래도 욕됨을 참는다고 말할 수 있겠는가.'

그 때에 천지가 여섯 가지로 진동하고 선인의 5백 제자가 허공을 날면서 스승에게 물었다.

'그런 고통을 당하고도 인욕하는 마음을 잃지 않습니까.'

스승은 대답하였다.

'마음은 변하지 않느니라.'

왕은 깜짝 놀라면서 다시 물었다.

'너는 욕을 참는다고 말하지만 무엇으로 증명하겠는가?'

선인은 대답하였다.

'만일 내가 욕을 참음이 진실이고 거짓이 아니라면 피는 젖이 되고 몸은 전처럼 회복될 것입니다.'

그 말이 끝나자마자 피는 젖이 되고 몸은 전처럼 회복되었다.

왕은 인욕의 증명을 보고서 더욱 두려워하며 말하였다.

'아, 내가 잘못으로 큰 선인을 비방하고 욕보였습니다. 원컨대 가엾이 여겨 저의 참회를 받아 주소서.'

선인은 말하였다.

'왕은 여자로 말미암아 칼로 내 몸을 해쳤지만 내 참음은 땅과 같습니다. 나는 뒤에 부처가 되면 먼저 '지혜의 칼'로 당신의 세 가지 독을 끊을 것입니다.'

그 때에 산중에 있던 여러 용과 귀신들은 가리왕이 인욕하는 선인을 해친 것을 보고 모두 걱정하여 큰 구름과 안개를 일으키고 뇌성벽력을 치면서 그 왕과 권속들을 해치려 하였다.

선인은 하늘을 우러러 말하였다.

'만일 나를 위하려거든 저 왕을 해치지 말라.'

가리왕은 진심으로 참회한 뒤 늘 선인을 청하여 궁중에서 공양하였다.

그 때 다른 많은 수행자들은 왕이 찬제파리를 공경히 대우하는 것을 보고 매우 시기하여 그가 앉은 그윽한 곳에 티끌과 흙과 더러운 물건들을 끼얹었다.

선인은 그들이 하는 행동을 보고 서원을 세웠다.

'나는 지금 인욕을 수행하여 중생들을 위해 쉬지 않고 행을 쌓은 뒤 반드시 부처가 될 것이다. 불도를 성취하면 먼저 법의 물로써 너희들의 티끌과 때를 씻고 탐욕의 더러움을 없애 영구히 청정하게 할 것이다.'

그 때의 찬제파리 선인이 누구인지 알고 싶은가. 그는 바로 이 내 몸이요, 그 때의 가리왕과 네 명의 대신은 바로 지금의 다섯 비구요, 내게 티끌을 끼얹던 천 명의 수행자는 바로 지금의 천 비구니라. 나는 그 때에 인욕을 수행하면서 저들을 먼저 제도하리라고 서원을 세웠다. 그러므로 내가 도를 이루자 그들이 가장 먼저 괴로움에서 벗어나게 되었느니라."

때에 비구들은 부처님 말씀을 듣고 일찍 없는 일이라고 찬탄하면서 기뻐하고 받들어 행하였다.

자신을 버리고 도에 들어가는 인연

세상에는 지혜로운 사람 만나기 어렵고
스스로 지혜롭기도 어렵다
더구나 부처님 만나기는 더욱 어렵다
하지만 이러한 법을 듣고 믿고 이해하고
공경하고 부지런히 실천한다면
이 사람이야말로 지혜로운 사람이니
머지않아 부처님 국토에 태어나서
부처님 보게 되리라

바다신의 도움으로 출가해서
아라한에 오른 오백 상인

어느 때 부처님은 사위국 기수급고독원에 계셨다.

그 때에 나라에는 5백 명의 상인이 보배를 캐러 바다로 들어가면서 서로 의논하였다.

"지혜로운 이를 한 사람 구해 우리들의 바다 길잡이로 삼자."

그들은 곧 열다섯 가지 계율을 지니는 현명한 사람을 청해 함께 큰 바다로 들어갔다.

바다 복판에 이르렀을 때였다. 바다신(海神)이 야차로 몸을 변하였는데 그 형체는 추악하고 빛깔은 검푸르며 입에는 긴 어금니가 나고 머리 위에는 뿔이 붙었다.

바다신이 가까이 와서 배를 붙잡고 상인에게 물었다.

"이 세상에 나보다 더 두려운 것이 있는가."

현명한 이가 대답하였다.

"너보다 몇 배나 더 두려운 것이 있다."

자신을 버리고 도에 들어가는 인연

27

바다신은 다시 물었다.

"그것은 어떤 것인가."

현명한 이는 대답하였다.

"세상의 어리석은 사람은 온갖 나쁜 죄를 짓되 살생하고 도둑질하며 음탕하며 절도가 없고, 거짓말, 이간질, 나쁜 말, 탐욕, 성냄과 삿된 소견에 빠져 있다가 죽어서는 지옥에 떨어져 만 가지로 고통을 받는다.

이를 테면 옥졸 아방은 여러 죄인을 붙들어다 갖가지로 다스리되 칼로 베기도 하고 수레로 몸을 찢기도 하며 몸을 부수어 수천 조각을 내기도 하고 절구에 찧기도 하며 혹은 갈기도 한다. 칼산, 칼나무, 불수레, 끓는 솥, 얼음, 끓는 똥 등 이러한 고통을 모두 갖추어 받으면서 수천 만 년을 지낸다. 이런 것이 너보다 더 두려우니라."

바다신은 붙잡았던 배를 놓고 형체를 숨기고 떠났다.

배가 몇 리를 더 나아갔을 때 바다신은 다시 한 사람으로 화하여 나타났다. 형체는 바짝 말라 힘줄과 뼈가 서로 이어진 모습으로 와서 배를 붙잡고 사람들에게 물었다.

"이 세상에 여읜 것으로서 나보다 더한 것이 있는가."

현명한 이는 대답하였다.

"너보다 더 여읜 것이 또 있다."

"누가 더한가."

"어떤 어리석은 사람은 심성이 매우 나빠 아끼고 탐하며 질투하여 보시할 줄을 모른다. 그가 죽어서 아귀에 떨어지면 몸은 산처럼 크고 목구멍은 바늘귀 같으며, 머리털은 길어 흐트러졌고 몸은 새까만데 수천 년 동안 물과 곡식을 모른다. 그런 것들의 형상은 너보다 더 여위었느니라."

바다신은 붙잡았던 배를 놓고 이내 사라져 나타나지 않았다.

배가 몇 리를 더 나아갔을 때 바다신은 다시 얼굴이 아주 단정한 사람으로 화하였다. 그가 와서 배를 붙잡고 상인들에게 물었다.

"사람으로서 아름답고 묘하기가 나와 같은 이가 있는가."

현명한 이는 대답하였다.

"너보다 백 천만 배나 더 훌륭한 이가 있다."

"누가 나보다 훌륭한가."

"세상의 지혜로운 사람은 온갖 선을 받들어 행하고 항상 몸과 말과 뜻의 업을 청정하게 하며 삼보를 믿고 공경하여 때를 따라 공양한다. 그는 목숨을 마치고 천상에 나는데 얼굴은 희고 깨끗하여 단정하기 짝이 없어 너보다 수천 배나 훌륭하다. 너를 거기에 비하면 그것은 마치 애꾸눈 원숭이를 저 아름다운 여자에 견주는 것과 같느니라."

그러자 바다신은 물 한 모금을 떠서 쥐고 물었다.

"이 한 모금 물이 많은가, 바닷물이 많은가."

현명한 이는 대답하였다.

"한 모금 물이 많느니라."

바다신은 다시 물었다.

"네가 지금 한 말은 진실인가."

현명한 이는 대답하였다.

"그 말은 진실이요 거짓이 아니다. 왜냐하면 바다의 물이 아무리 많아도 반드시 마를 때가 있다. 겁劫이 끝나려 할 때 두 개의 해가 한꺼번에 나타나면 우물과 못물은 모두 마른다. 세 개의 해가 날 때는 작은 강물이 모두 마르고, 네 개의 해가 날 때는 큰 강과 바닷물이 다 마르며, 다섯 개의 해가 날 때는 큰 바다가 점점 줄고, 여섯 개의 해가 날 때는 그 삼분의 이가 줄며, 일곱 개의 해가 날 때는 바닷물이 전부 없어지고 수미산이 무너지며 밑으로 금강지金剛地의 언저리까지 모두 다 타고 만다.

그러나 만일 어떤 사람이 믿는 마음으로 한 모금 물을 부처님께 공양하거나 스님에게 보시하거나 부모를 받들거나 빈궁한 이를 구제하거나 혹은 짐승에게 주면 그 공덕은 겁을 지나더라도 다하지 않는다. 이로써 보더라도 바닷물은 적고 한 모금 물이 많은 줄을 알 수 있느니라."

현명한 이의 말을 들은 바다신은 못내 기뻐하면서 온갖 보배를 그에게 주고 또 묘한 보배를 부처님과 스님들에게 보시하였다.

때에 여러 상인들은 곧 현명한 이와 함께 보배를 풍족하게 캐어 가지고 본국으로 돌아왔고 모두 부처님께 나아가 땅에 엎드려 부처님 발에 예배한 뒤에 제각기 그 보물과 또 바다신이 준 것을 가지고 부처님과 스님들에게 바쳤다. 그리고 모두 꿇어앉아 합장하고 부처님께 사뢰었다.

"원컨대 제자가 되어 청정한 교화를 받겠나이다."

부처님께서 "좋다. 어서 오너라, 비구여." 하시자 그들의 수염과 머리털은 저절로 떨어지고 가사가 몸에 입혀졌다.

부처님은 그들의 마음에 맞게 설법하시었다. 그들은 곧 마음이 열리고 깨닫게 되어 온갖 욕심이 깨끗해지고 아라한이 되었다.

때에 거기 모인 대중들은 부처님 말씀을 듣고 매우 기뻐하여 받들어 행하였다.

자신을 버리고 도에 들어가는 인연

전생에 사람의 목숨을 구한
공덕으로 출가한 항하달

어느 때 부처님은 라자그리하의 죽림정사에 계셨다.

그 때에 나라에 정승이 있었는데 집은 큰 부자였으나 슬하에 아들이 없었다.

어느 날 정승은 갠지즈강 가에 있는 사당에 나아가 빌었다.

"나는 아들이 없습니다. 듣건대 천신님은 공덕이 한량없어 중생들을 구호하고 능히 그 소원을 들어 주신다 하옵기로 이제 일부러 와서 귀의합니다. 만일 이 원을 들어 주어 아들 하나를 주시면 금, 은으로 천신님의 몸을 장식하고 유명한 향으로 이 사당에 바르겠습니다. 그러나 만일 영험이 없으면 사당을 부숴버리고 당신 몸에 똥칠을 하겠습니다."

천신은 이 말을 듣고 가만히 생각하였다.

'이 사람은 호걸이요 부자며 또 세력이 많아 보통 인물이 아니다. 그는 아들을 얻고자 하나 나는 덕이 적어 그 원을 풀어 줄 수가 없

다. 만일 그 원을 이뤄주지 않으면 반드시 큰 변을 당할 것이다.'

이에 천신은 다시 마니발라에게 가서 아뢰었고, 마니발라는 그 힘이 미치지 못하여 바이슈라마나왕에게 가서 이 사실을 아뢰었다.

바이슈라라마나왕은 말하였다.

"내 힘으로도 그가 아들을 가지게 할 수 없으니 천제天際께 나아가 그 원을 풀어 주도록 하리라."

바이슈라마나왕은 곧 하늘로 올라가 제석에게 아뢰었다.

"저의 신하 마니발라는 얼마전 내게 와서 말하였습니다. 라자그리하성에 있는 어떤 정승이 아들을 얻기 위해 원을 세우되, 만일 소원을 이루게 되면 곱으로 공양을 더할 것이요, 소원을 어기면 내 사당을 부수고 욕을 보이리라 합니다. 그는 사람됨이 호걸답고 사나와 반드시 그렇게 할 것입니다. 바라건대 천왕은 그로 하여금 아들을 얻게 해주소서."

제석은 대답하였다.

"그것은 매우 어려운 일이므로 어떤 인연을 찾아야 할 것이다."

제석은 하늘에 어떤 천자가 곧 목숨을 마치게 되었음을 알고 그에게 말하였다.

"그대 목숨은 곧 끝나게 되었다. 저 부유한 정승 집에 태어나기를 발원하라."

천자는 대답하였다.

"나는 장차 출가하여 바른 행을 닦으려고 합니다. 만일 저 호강스런 집에 태어나면 속세를 떠나기는 극히 어려울 것이고 뜻한 바를

자신을 버리고 도에 들어가는 인연

33

성취하지 못할 것입니다."

제석은 다시 권하였다.

"그저 거기 가서 태어나도록 하라. 만일 도를 배우고자 한다면 내가 도와주리라."

천자는 목숨을 마치고 정승 집에서 태를 받았는데 세상에 나오자 얼굴이 매우 단정하였다. 정승이 사람을 불러 이름을 지으라 하니 그가 정승에게 물었다.

"본래 어디서 아기를 구해 얻었습니까?"

정승은 대답하였다.

"갠지즈강의 천신에게 빌어 얻었다."

그리하여 아이의 이름을 항하(갠지즈)달이라 부르게 되었다. 아이는 차차 자라나면서 도에 뜻이 있어 부모에게 아뢰어 출가하기를 청하였다.

부모는 말하였다.

"우리는 지금 부귀하고 살림이 풍성하다. 아들이라야 너 하나뿐이다. 우리 가업을 이어 맡아 편히 살도록 하라."

아버지는 끝내 청을 들어주지 않았다.

아들은 제 뜻을 이루지 못하게 되자 매우 낙망하여 곧 몸을 버리고 다시 평범한 집에 다시 태어나려고 하였다. 평범한 집에서는 집을 떠나 출가하기가 쉬우리라고 생각하였다.

어느 날 그는 몰래 집을 나가 높은 바위에서 스스로 떨어졌다. 그러나 땅에 떨어져 있었지만 아무 데도 다친 곳이 없었다. 다시 강으로 나가 물 속에 몸을 던졌으나 물은 도로 밀고 나와 아예 고통이 없었다. 또 독약을 먹었으나 독 기운이 돌지 않아 죽을 길이 없었다.

그는 가만히 생각하였다.

'그렇다면 나라의 법을 범해 왕의 손에 죽으리라.'

마침 왕의 부인과 궁녀들이 동산 연못으로 가서 목욕하면서 모두 옷을 벗어 숲 사이에 둔 것을 보았다. 그는 몰래 숲 속으로 들어가 옷을 안고 나왔다. 문지기는 그것을 보고 그를 붙들고 가서 아자타사투왕에게 아뢰었다.

왕은 문지기의 말을 듣고 매우 성을 내며 곧 활을 잡아 손수 쏘았다. 그러나 화살은 도로 왕을 향해 돌아왔다. 이렇게 세 번이나 되풀이하였으나 그를 맞히지 못하였다.

왕은 겁이 나서 활을 던지고 그에게 물었다.

"너는 하늘이냐, 용이냐, 귀신이냐."

항하달은 대답하였다.

"한 가지 소원을 들어주시면 자세히 말씀하겠습니다."

"들어주리니 어서 말해보라."

"나는 하늘도 아니고 용이나 귀신도 아닙니다. 나는 라자그리하국의 정승의 아들로서 집을 떠나려 하였으나 부모가 허락하지 않았습니다. 그리하여 스스로 목숨을 끊고 다른 곳에 태어나려고 바위에서 떨어지기도 하고 강에 몸을 던지기도 하였으며 독약을 마시기도 하였으나 죽어지지 않았습니다. 그래서 일부러 왕의 법을 범해 죽기를 바랐던 것입니다. 그러나 왕이 지금 해치려 하였으나 해쳐지지 않았습니다. 사정은 이러합니다. 얼마나 딱한 일입니까, 원컨대 가엾이 여겨 내게 도를 닦게 하소서."

왕은 기특한 마음이 들어 말했다.

"네가 출가하여 거룩한 도 닦기를 허락한다."

왕이 그를 데리고 부처님께 나아가 지금까지의 내력을 아뢰었다.

부처님께서 그에게 사문되기를 허락하시자 가사가 저절로 그 몸에 입혀져 비구가 되었다. 부처님이 그를 위해 설법하셨다. 그는 마음이 환히 열려 아라한의 도를 이루고 세 가지 밝음과 여섯 가지 신통과 여덟 가지 해탈을 갖추었다.

아자타사투왕은 곧 부처님께 여쭈었다.

"이 항하달은 전생에 어떤 선한 일을 하였기에 산에서 떨어져도 죽지 않고, 물에 몸을 던져도 빠지지 않으며, 독약을 먹어도 고통이 없고, 활을 쏘아도 다치지 않으며 더구나 성인을 만나 생사를 건너게 되었나이까."

부처님은 말씀하셨다.

"오랜 과거 세상에 바라나시라는 나라가 있었고 그 나라 왕이 여러 궁녀들을 데리고 숲속에 놀 때 궁녀들은 소리를 높여 노래를 불렀다. 그때 밖에서 어떤 사람이 높은 소리로 궁녀들의 노래에 화답하였다. 왕은 그 소리를 듣고 곧 성을 내고 질투하여 사람을 보내어 그를 붙들어다가 죽이라고 명령하였다.

어떤 대신이 밖에서 들어오다가 그 사람이 붙들려오는 것을 보고 좌우에 물었다.

'무슨 일로 그러느냐.'

사정을 자세히 들은 대신이 말하였다.

'우선 죽임을 멈추고 내가 왕을 뵈옵기를 기다려라.'

대신은 들어가 왕에게 아뢰었다.

'저 사람의 죄는 그리 중한 것이 아니온데 왜 죽이려 하십니까. 비록 궁녀들의 소리에 화답하였사오나 얼굴은 보지 않았습니다. 교제하였거나 간음한 일이 없사오니 가엾이 여겨 그 생명을 살려 주소서.'

왕은 그 말을 거스릴 수 없어 용서하여 죽이지 않았다.

그는 죽음에서 벗어나게 되자 고마운 마음으로 대신을 받들어 섬기되 조금치도 정성이 줄지 않았다.

이렇게 받들며 여러 해를 지내다가 그는 생각하였다.

'음욕이 사람을 해치는 것은 칼보다 더 날래다. 내가 지금 이런 액을 당하는 것도 다 음욕 때문이다.'

그는 곧 대신에게 청하였다.

'제가 출가하여 도 닦는 것을 허락하소서.'

대신은 대답하였다.

'너를 만류할 수 없구나. 공부해서 도를 이루거든 돌아와 다시 만나자.'

그는 산으로 들어가 묘한 이치를 알뜰히 생각하고 정신이 열려

자신을 버리고 도에 들어가는 인연

37

푸라데카부처가 되었다.

도를 얻은 그가 다시 성으로 돌아와 대신의 집으로 갔다. 대신은 매우 기뻐하면서 청해서 공양하고 맛난 음식과 깨끗한 옷 따위의 공양에 모자람이 없었다.

때에 푸라데카부처는 허공에서 신통변화를 나타내었다. 몸에서 물과 불을 내고 큰 광명을 놓았다. 대신은 그것을 보고 한량없이 기뻐하면서 곧 서원을 세웠다.

'그대는 나의 은혜로 말미암아 목숨이 구제되었습니다. 나로 하여금 태어나는 세상마다 부귀하고 오래 살며, 뛰어나고 특별하기를 수천만 배나 되도록 하고, 지혜와 덕이 서로 같게 하소서.'

그 때 한 사람을 구원해 살려 도를 얻게 한 대신은 바로 지금의 항하달이다. 그는 그 인연으로 태어나는 곳마다 일찍 죽지 않았고 지금 나를 만나 아라한을 이루게 되었느니라."

부처님이 이렇게 말씀하시자 모인 대중들은 모두 믿고 공경하고 기뻐하면서 받들어 행하였다.

자기 살을 베어 부모님을
살린 효자

　어느 때 부처님은 라자그리하의 죽림정사에 계셨다. 부처님은 아
난다와 함께 가사를 입고 바리를 가지고 성에 들어가 걸식하셨다.
　성에 늙은 부부가 있었는데 그들은 둘 다 눈이 멀고 가난하고 외
로우며 의지할 곳이 없어 성문 아래서 살고 있었다.
　부부에게는 외아들이 있었다. 아이는 일곱 살로 항상 구걸하여
부모를 봉양하였다. 과실이나 나물을 얻으면 좋고 맛난 것은 부모
에게 공양하고 나머지 가운데 시거나 떫거나 냄새 나고 나쁜 것은
자기가 먹었다.
　아난다는 그 아이가 나이는 비록 어리나 부모에게 공경하고 효
순하는 것을 보고 마음속으로 매우 사랑하였다.
　부처님은 걸식을 마치고 절에 돌아와 대중들을 위해 법을 설하
셨다. 그 때에 아난다는 꿇어앉아 합장하고 부처님 앞에 나아가 사
뢰었다.

"아까 부처님을 모시고 성에 들어가 걸식할 때에 성문 밑에 사는 눈 먼 부모의 어린 아들이 부모에게 효도하는 것을 보았습니다. 그는 사방으로 다니면서 먹을 것을 구걸하여 밥이나 나물이나 과실을 얻으면 좋은 것은 먼저 부모에게 공양하고 부스러기나 아주 나쁜 것은 제가 먹으면서 날마다 그렇게 하였나이다. 참으로 사랑하고 공경할 만하였나이다."

부처님은 말씀하셨다.

"집을 떠나 출가한 이나 집에 있는 이가 효도하는 마음으로 부모를 공양하면 그 공덕은 특별하고 뛰어나 헤아리기 어렵느니라. 왜냐하면 나도 오랜 과거를 기억하건대, 효도하는 마음으로 부모를 공양하고 심지어 살을 베어 부모의 위급한 액을 구제한 일이 있었다. 그래서 그 공덕으로 위로는 천제가 되었고 밑으로는 성왕이 되었으며, 내지 부처가 되어 삼계에서 뛰어난 것도 다 그 복 때문이니라."

아난다가 여쭈었다.

"알고 싶나이다. 부처님께서 과거 세상에 부모에게 효도하여 신명을 아끼지 않으시고 몸의 살을 베어 부모의 위급한 목숨을 구제하신 그 사실은 어떠하셨는지."

부처님은 말씀하셨다.

"옛날 무량 무수한 아승지 겁에 잠부드비이파에 큰 나라가 있어 이름을 특차시라 하였고, 그 나라 왕의 이름은 제바라 하였다.

때에 왕은 태자 열 명이 있어 각각 여러 나라를 다스렸다. 제일 작은 태자는 이름을 수바라제치라 하였는데 그 나라와 백성과 경치는 가장 풍성하고 즐거웠다.

부왕 곁에는 한 대신이 있었다. 이름을 라후라 하였는데 그는 늘 반역할 생각을 품고 있다가 끝내 대왕을 죽였다. 대왕이 죽은 뒤에는 바로 왕이 되고 군사를 여러 나라에 보내어 태자들을 죽였다.

제일 작은 태자는 어느 날 풍경을 구경하러 동산으로 들어갔다. 갑자기 야차가 땅에서 솟아올라 꿇어앉아 아뢰었다.

'라후 대신이 반역해 부왕을 죽이고 다시 군사를 보내어 여러 형을 죽이고 이제는 사람을 보내어 왕을 죽이러 올 것입니다. 왕은 그 화를 피해야 합니다.'

왕은 그 말을 듣자 마음이 무너지고 황급해 그 날 밤 도망하려 하였다.

그에게는 어린 아들이 있었는데 이름을 수사제라 하였다. 나이는 일곱으로 단정하고 지혜로워 왕이 몹시 사랑하였다.

왕은 궁으로 돌아와 아들을 안고 슬피 울면서 탄식하였다.

부인이 그 모습을 보고 물었다.

'무엇 때문에 그리 초조하고 두려워하시나이까.'

왕이 대답하였다.

'그대가 알 일이 아니다.'

부인은 왕을 붙들고 말하였다.

'나는 지금 당신과 함께 신명을 같이 하고 위험을 같이 합니다.

나를 버리지 마소서. 지금 어떤 일이 있는지 알려 주십시오.'

왕은 대답하였다.

'나는 오늘 동산에 들어갔었다. 야차가 땅에서 솟아올라 말하기를 지금 라후 대신이 반역해 이미 부왕을 죽이고 또 군사를 보내어 형을 죽이고는 이제는 나를 죽이러 올 것이니 피해야 한다고 한다. 나는 그 말을 듣고 몹시 두려워 바삐 도망하려는 것이다.'

부인은 꿇어앉아 아뢰었다.

'모시고 따라 가겠습니다. 버리지 마십시오.'

왕은 아내를 데리고 아이를 안고 서로 의지하여 다른 나라로 떠나려 하였다.

마침 두 갈래 길이 있었다. 한 길은 이레가 걸리는 길이요, 한 길은 열나흘이 걸리는 길이다. 처음 출발할 때에는 마음이 황급하여 이레 동안의 양식을 준비하면서 한사람분만을 계산하였다. 그리고 성을 나와서는 정신없이 그만 열나흘 길로 들어섰다.

며칠이 지나자 양식이 떨어졌다. 굶주리고 헤매었으나 다른 살길이 없었다. 그는 너무나 아들을 사랑하였기 때문에 아내를 죽여 스스로도 살고 아이도 살리려 하였다. 그 때 아내를 시켜 아이를 업고 앞서 가게 하고 그 뒤에서 칼을 빼어 아내를 죽이려 했다. 아이는 뒤를 돌아보다가 아버지가 칼을 빼어 어머니를 죽이려 하는 것을 보고는 합장하고 아버지를 깨우쳐 말하였다.

'원컨대 대왕이여, 차라리 나를 죽일지언정 어머니는 죽이지 마십시오.'

이렇게 간절히 간하여 어머니 목숨을 구하였다.

그리고 아버지에게 말하였다.

'나를 단박 죽이지 말고 조금씩 살을 베어 먹으면 며칠은 지낼 수 있을 것입니다. 만일 내 목숨을 끊어버리면 살은 곧 썩어 오래 가지 못할 것입니다.'

부모는 하는 수 없이 아이 살을 베어 먹으려 하다가 슬피 울면서 번민하였다. 그러나 어쩔 수 없이 베어 먹었다. 날마다 베어 먹은 탓에 아이의 살은 차츰 없어지고 오직 뼈만 남아 있었다. 아직 다른 나라에는 가지 못하고 굶주림은 더욱 심하였다. 아버지는 다시 칼을 잡아 뼈마디를 헤치고 차츰 벗겨내어 살을 조금 얻었다.

이윽고 부모는 아이를 버리고 떠나려 하였다.

아이가 말하였다.

'내 목숨은 아직 조금 있습니다. 원컨대 부모님은 아까 가진 그 살을 조금만 내게 주십시오.'

부모는 그 말을 거스르지 않고 살을 세 몫으로 나누어 두 몫은 자기네들이 먹고 나머지 한 몫과 부스러기 살과 눈 따위는 모두 아이에게 주고 이별하고 떠났다.

아이는 곧 서원을 세웠다.

'나는 지금 몸의 살로써 부모님께 공양하였다. 이 공덕으로서 불도를 구하고 일체 중생을 두루 제도하여 그들로 하여금 온갖 괴로움에서 벗어나 열반의 즐거움에 이르게 하리라.'

이렇게 아이가 발원할 때에 삼천세계가 진동하였다. 욕심세계와

자신을 버리고 도에 들어가는 인연

형상세계의 여러 하늘들은 모두 깜짝 놀랐다. 무엇 때문에 궁전이 흔들리는지 몰랐기 때문이었다. 그들은 하늘눈으로 세상을 살펴보다가 보살이 몸의 살로 부모에게 공양하고 불도를 이루어 중생을 건지리라고 서원하는 것을 보고 그 때에 천지가 크게 진동하는 줄을 알았다.

이에 하늘들은 모두 내려와 허공을 덮고 슬피 울었다. 흐르는 눈물은 마치 쏟아지는 비와 같았다. 때에 제석천이 내려와 아이를 시험하려고 거지로 변하여 그 손에 가진 살을 구걸하였다. 아이는 곧 그것을 보시하였다.

제석천은 다시 사자와 호랑이로 변해 와서 아이를 잡아먹으려 하였다. 아이는 짐승들이 자신을 먹고자 하는 것은 몸에 남아 있는 뼈와 살과 골수 때문이라 생각하고 그것을 다 주고 말았다. 그리고 마음은 못내 기뻐 조금도 후회하지 않았다.

그 때에 제석천은 아이의 뜻이 흔들리지 않는 것을 보고 제석천의 몸으로 되돌아가 그 앞에 서서 말하였다.

'네 효도는 능히 몸의 살로써 여러 차례 부모님께 공양하였다. 그 공덕으로 무엇을 구하려 하는가. 제석천인가, 마왕인가, 혹은 범천왕인가.'

아이는 대답하였다.

'나는 삼계의 쾌락을 원하지 않습니다. 이 공덕으로 불도를 구하여 한량없는 일체 중생을 제도하기를 원합니다.'

제석천은 다시 물었다.

'너는 그 몸으로 부모에게 공양하였다. 그리고도 부모에게 원한이 없는가.'

아이는 대답하였다.

'나는 지금 지극한 정성으로 부모님께 공양하였으므로 털끝만치도 원한은 없습니다.'

천제는 다시 말하였다.

'나는 지금 너를 보매 몸의 살이라고는 없으면서 후회하지 않는다고 말하는 것을 믿기 어렵다.'

아이는 대답하였다.

'만일 후회함이 없어 내 소원대로 부처가 될 수 있다면 내 몸을 본래와 같이 되게 하여지이다.'

이 서원을 마치자 몸은 곧 회복되었다.

때에 제석천과 여러 하늘들은 함께 아이를 칭송하였다. 그리고 아이의 부모와 온 나라 사람들이 모두 와서 전에 없는 일이라고 찬탄하였다.

때에 그 나라 왕은 아이의 기특한 일을 보고 더 공경하고 한량없이 기뻐하였다. 그리고 그 부모와 태자를 데리고 궁중에 들어가 공양하고 공경하였다. 왕은 몸소 군사와 말을 거느리고 선주왕과 선생 태자와 함께 본국으로 돌아가 라후를 죽이고 본래 왕을 세웠다. 그후 대대로 그 나라는 풍성하고 즐거웠으며 태평세월을 이루었느니라."

부처님은 이어 아난다에게 말씀하셨다.

"그 때의 선주왕은 바로 지금의 우리 아버지 정반왕이시고, 그 때의 어머니는 바로 지금의 어머니 마야이시며, 그 때의 선생 태자는 바로 지금의 나이니라. 나는 과거 세상에 효도하는 마음으로 부모님께 공양하고 몸의 살로써 부모님의 액을 구제하였다. 그 공덕으로 천상이나 인간에서 항상 뛰어나고 높은 집에 태어나서 한량없는 복을 받았다. 또 그 공덕으로 스스로 부처가 되었느니라."

대중들은 부처님께서 스스로 전생 인연을 말씀하시는 것을 듣고 모두 안타까워하고 한탄하면서 동시에 부처님의 특별하고 뛰어난 효도의 행에 감격하였다. 그리하여 대중 가운데 큰 깨달음을 얻은 이도 있고, 아라한을 얻은 이도 있었으며, 위없는 바르고 참된 도에 마음을 내는 이와 물러나지 않는 자리에 머무르는 이가 있었다.

모든 대중들은 크게 기뻐하고 받들어 행하였다.

굶주린 호랑이를 구한
마하살타 왕자

어느 때 부처님은 사위국 기수급고독원에 계셨다.

부처님은 걸식할 때가 되어 가사를 입고 바리를 가지고 아난다를 데리고 성에 들어가 걸식하였다.

어떤 노모가 두 아들을 두었는데 그들은 남의 재물을 함부로 훔쳤다. 재물 주인은 그들을 붙들어 왕에게 나아가 재판에 붙이니 그 죄는 죽어야 마땅하였다. 왕은 그들을 찬다알라에게 돌려 사형장으로 끌고 가도록 했다.

모자 세 사람은 멀리서 부처님을 보고 머리를 두드리며 애걸하였다.

"원컨대 부처님께서는 이 고액을 건져 아들의 목숨을 구제하여 주소서."

이렇게 애통하게 비는 모습은 차마 볼 수 없었다. 부처님은 가엾이 여겨 아난다를 왕에게 보내어 그들을 살려주기를 청하였다. 왕은 부처님 분부를 받고 곧 놓아주었다.

그들은 화를 벗어나자 부처님 은혜에 감격하여 한량없이 기뻐하였고 곧 부처님께 나아가 땅에 엎드려 발 아래 예배한 뒤 합장하고 사뢰었다.

"부처님의 자비와 은혜를 입사와 남은 목숨이 구제되었나이다. 원컨대 부처님께서는 저희들을 사랑하고 가엾이 여겨 제자가 되도록 허락하소서."

부처님은 말씀하셨다.

"어서 오너라, 비구여."

형제의 수염과 머리카락은 저절로 떨어지고 입은 옷은 가사로 변하였다. 그들은 공경하는 마음이 솟아나고 믿음은 더욱 굳었다. 부처님은 그들을 위해 설법하셨다. 그들은 온갖 번뇌가 없어지고 아라한의 도를 얻었으며 노모도 수행자의 길에 들었다.

때에 아난다는 눈으로 직접 이를 보고 일찍 없었던 일이라 칭송하면서 여래의 여러 가지 덕행을 찬탄한 뒤에 여쭈었다.

"저 모자 세 사람은 전생에 어떤 복을 지었사옵기에 지금 부처님을 만나 중한 죄를 면하고 열반의 안락을 얻었나이까, 또 그 한 몸으로 특별한 은혜를 입었으니 얼마나 유쾌하겠나이까."

"저 세 사람은 오늘만 내 힘을 입어 살아난 것이 아니라, 과거에도 내 은혜를 입어 살게 되었느니라."

"알고 싶나이다, 부처님이시여, 과거 세상에 저 세 사람을 살리신 사실은 어떠했나이까."

부처님은 말씀하셨다.

"오랜 옛날 아승지 겁에 잠부드비이파에 큰 나라 왕이 있었느니라. 이름을 마하라단나라 하였는데 그는 작은 나라 5천을 다스리고 있었다. 왕에게는 세 아들이 있었다. 첫째는 이름이 마하부나영이요, 둘째는 마하데바, 셋째는 마하살타였다. 그 중에도 막내아들은 어려서부터 자비를 행하여 일체 중생을 가엾이 여기기를 마지 않았느니라.

어느 날 왕은 신하들과 부인과 태자를 데리고 동산 구경을 나갔었다. 왕은 피로해 조금 쉬고 있었다. 세 아들은 숲속에서 놀다가 호랑이가 새끼 두 마리에 젖을 먹이는데 주림을 못 견디어 그 새끼를 도로 먹으려는 것을 보았다.

막내아들은 두 형에게 말하였다.

'저 호랑이는 바짝 말라 곧 죽을 것 같습니다. 더구나 젖을 빨리고 있는데 주림에 못견디어 새끼를 잡아먹을지 모르겠습니다. 저 호랑이는 지금 무엇을 먹을 수 있습니까.'

두 형은 대답하였다.

'갓 죽인 더운 피나 고기라면 마음에 들 것이다.'

길을 걸으면서 아우는 또 물었다.

'혹 어떤 사람이 그것을 마련하고 저 목숨을 구제하여 살도록 할 수 있겠습니까.'

자신을 버리고 도에 들어가는 인연

49

두 형은 대답하였다.

'그것은 매우 어려운 일이다.'

막내는 가만히 생각하였다.

'나는 오랜 옛날부터 나고 죽는 동안에 수없이 몸을 버렸지만 그것은 헛되이 버린 것이다. 탐욕 때문에 혹은 성내고 어리석기 때문이었고 법을 위해서는 아니었다. 그런데 이제 복밭을 만났으니 이 몸을 두어 무엇 하겠는가.'

이렇게 결심하고 두 형에게 말하였다.

'형님들은 먼저 가십시오. 나는 따로 볼 일이 좀 있습니다. 곧 뒤따라가겠습니다.'

막내는 오던 길로 달려가 호랑이 있는 곳에 이르러 그 앞에 몸을 던졌다. 그러나 주린 호랑이는 입을 다물고 먹지 못하였다. 왕자는 날카로운 나무꼬챙이로 자기 몸을 찔러 피를 내었다. 호랑이는 그 피를 핥다가 그제야 입이 열려 곧 왕자의 몸을 먹었다.

두 형은 오래 기다렸으나 아우가 돌아오지 않아 그 자취를 따라 찾아가면서 조금전에 하던 그 말을 생각하였다.

'아우는 반드시 주린 호랑이에게 몸을 먹였을 것이다.'

예상대로 언덕에 올라 보니 마하살타가 호랑이 앞에 죽어 있는 것을 보았다. 호랑이는 벌써 그것을 먹었고 주위에 피와 살이 낭자하였다. 형들은 가슴을 치면서 땅에 쓰러져 기절했다가 다시 깨어나기를 반복했다.

왕후는 꿈에 세 마리 비둘기가 숲에서 놀고 있는데 매 떼가 와서 작은 놈을 잡아먹는 것을 보았다. 잠에서 깨어나 놀랍고 두려워 왕에게 말하였다.

'언젠가 듣건대 비둘기는 자손이라 합니다. 꿈에서 작은 비둘기를 잃었으니 우리 아이에게 어떤 불상사가 있을 것 같습니다.'

곧 사람을 보내어 사방으로 찾아보았다. 오래지 않아 두 아들이 왔다.

부모는 그들에게 물었다.

'우리가 사랑하는 막내 아들은 지금 어디에 있느냐.'

두 아이는 목이 메고 가슴이 막혀 소리를 내지 못하였다가 한참 만에 말하였다.

'호랑이가 잡아먹었습니다.'

부모는 이 말을 듣고 땅을 치고 기절하여 정신을 잃었다가 한참 만에야 깨어났다.

왕은 두 아들과 부인과 궁녀들을 데리고 시체 있는 곳으로 달려갔다. 호랑이는 막내의 살을 다 먹고 해골만 어지러이 땅에 흩어져 있었다. 어머니는 그 머리를 붙잡고 슬피 울부짖으며 까무라쳤다가 다시 깨어나기를 오랫동안 계속하였다.

마하살타는 목숨을 마친 뒤에 도솔천에 태어났다.

그는 생각하였다.

'나는 무슨 행으로 말미암아 여기 와서 이 갚음을 받는가.'

그는 트인 하늘눈으로 다섯 가지 세계를 두루 살펴보다가 전생

자신을 버리고 도에 들어가는 인연

의 자기 시체가 아직도 산속에 있고 부모가 슬퍼하고 괴로워하는 것을 보았다.

그는 부모가 어리석고 미혹하여 너무 슬피 울다가 혹 거기서 목숨을 잃지나 않을까 하고 가엾이 여겨 '나는 지금 저기 가서 그 마음을 돌리도록 깨우쳐 드리리라'고 생각하였다.

곧 하늘에서 내려와 공중에 머물러 갖가지 말로 슬퍼하는 부모를 깨우쳤다.

부모는 쳐다보고 물었다.

'너는 어떤 귀신인가, 말해 보라.'

하늘은 대답하였다.

'나는 바로 왕자 마하살타입니다. 나는 몸을 버려 굶주린 호랑이를 구제하였기 때문에 도솔천에 났습니다. 대왕이여, 모든 존재하는 법은 무無로 돌아가는 것을 아십시오. 한 번 나면 반드시 마침이 있는 것입니다. 악을 지으면 지옥에 떨어지고, 선을 행하면 하늘에 나는 것입니다. 나고 죽음은 떳떳한 길이온대 지금 대왕은 왜 홀로 근심과 번뇌의 바다에 빠져 있으면서 대신 스스로 깨달아 온갖 선을 부지런히 닦지 않습니까.'

부모는 대답하였다.

'너는 큰 자비를 행하여 그 사랑이 일체 중생에 미쳐 갔다. 그러면서 나를 버리고 목숨을 마치니 너를 생각하는 우리 마음은 한없이 슬프고 마디마디 끊어져 그 고통은 견디기 어렵구나. 너는 큰 자비를 닦으면서 어찌 우리에게 이처럼 할 수 있는가.'

이에 하늘 사람이 된 왕자는 여러 가지 묘하고 좋은 게송으로 부모에게 대답하였다. 부모는 아들의 뜻을 깨닫게 되어 칠보로 된 함을 만들고 그 안에 뼈를 넣어 매장한 뒤 그 위에 탑을 세웠다. 하늘 사람은 곧 변화해서 하늘로 올라가고 왕과 대중들은 모두 궁전으로 돌아왔었느니라.”

부처님은 아난다에게 말씀하셨다.
“그 때의 왕 마하라난다는 다른 사람이 아니라 지금의 내 부왕 정반왕이시다. 왕후는 지금의 내 어머니 마하마야요, 마하부나영은 지금의 미륵이요, 둘째 태자 마하데바는 지금의 바수밀다요, 태자 마하살타는 다른 사람이 아니라 바로 나이니라. 그리고 그 때의 그 어미 호랑이는 지금의 저 노모요, 두 마리 새끼는 지금의 저 두 아들이니라.”

대중들은 먼 옛날에도 부처님께서 세 모자의 위급한 목숨을 구제해 안전하게 하였고 부처가 되어서도 재난을 구제하여 생사의 큰 고통 바다를 아주 떠나게 한 것을 알고 찬탄하였다.

아난다와 여러 대중들은 부처님 말씀을 듣고 기뻐하여 받들어 행하였다.

아!
바른 법 듣기 어렵고
들어도 믿기 어렵고
믿어도 실천하기 어렵다

듣고 믿고 실천하는 이!
이 사람 누구인가
부처님 은혜가 뼈골에 사무친다
부끄럽고 부끄럽다
이 은혜를 어떻게 갚을 것인가

제2장

범천이 부처님께
간곡하게 법을
청하다

부처님이 처자를 공양 올린
공덕으로 법을 얻으시다

어느 때 부처님은 마가다국의 부다가야에서 깨달음을 얻고 부처가 되어 생각하였다.

'중생들은 미욱한 그물에 얽히고 삿된 소견에 빠져 교화하기 어렵구나. 내가 이 세상에 오래 살더라도 아무 이익이 없을 것이다. 차라리 남음없는 열반에 드는 것만 못하리라.'

그 때에 범천은 부처님의 생각을 알고 곧 하늘에서 내려와 부처님께 나아가 땅에 엎드려 발 아래 예배하고 꿇어앉아 합장하고 청하였다.

"부처님이시여, 법바퀴를 굴리시고 열반에 들지 마소서."

부처님은 대답하셨다.

"범천이여, 중생들은 번뇌에 사로잡혀 세상 쾌락을 즐기면서 지혜로운 마음이 없다. 비록 내가 세상에 살더라도 그 공만 헛될 것이다. 내 생각 같아서는 열반만이 즐거울 것 같다."

범천이 부처님께 간곡하게 법을 청하다

범천은 다시 땅에 엎드려 사뢰었다.

"부처님이시여, 지금 법 바다는 이미 가득 찼고 법 깃대는 이미 섰나이다. 중생을 인도하여 건지실 때는 바로 이 때이옵니다. 또 중생들 가운데 제도할 만한 이가 적지 않사온대 어찌하여 부처님께서는 열반에 드시어 저 중생들로 하여금 영원히 그 보호를 잃게 하려 하시나이까. 부처님께서는 과거 무수한 겁에 항상 중생을 위하여 법약法藥을 캐어 모으실 적에 한 구절의 게송을 얻으려고 여러 번 몸을 버리셨습니다. 그러하온대 어찌하여 그것을 생각하시지 않고 버리려 하시나이까."

범천이 부처님의 전생 이야기를 시작했다.

먼 옛날 잠부드비이파에 수루바라는 큰 나라에 묘색왕이 있어 8만 4천의 작은 나라들과 6만의 산천과 8천 억의 촌락을 다스렸나이다. 왕에게는 2만 부인과 1만 대신이 있었나이다.

묘색왕은 덕의 힘이 견줄 데 없고 백성들을 잘 보호해 풍성하고 즐기기 끝이 없었나이다.

왕은 생각하였나이다.

'나는 지금 재물로만 중생들에게 베풀고 어떤 도의 가르침으로 그들을 편안히 살게 하지는 못한다. 이것은 내 허물이다. 얼마나 괴로운가. 지금 견실한 법의 재물을 구해 그들을 모두 해탈하게 하리라.'

그는 곧 나라에 영을 내렸나이다.

"누가 나를 위해 법을 설명해주겠는가. 그러면 그의 소원을 들어주리라."

사방으로 두루 구해 보았으나 아무도 응하는 사람이 없었나이다. 그래서 왕은 매우 근심하고 슬퍼하였나이다.

때에 바이슈라마나왕이 이런 사정을 알고 그를 시험해 보려고 곧 몸을 변해 야차로 화하였나이다. 얼굴빛은 검푸르고 눈은 피처럼 붉으며 뾰족한 이빨은 위로 뻗고 머리털은 곤두서고 입으로는 불을 뿜으면서 궁문에 와서 말하였나이다.

"누가 법을 듣고자 하는가. 내가 그를 위해 설하리라."

왕은 이 말을 듣고 기쁨을 이기지 못하고 몸소 나가 맞이하여 예배한 뒤에 높은 자리를 만들고 앉게 하였나이다. 그리고 곧 대신들을 앞뒤로 둘러서게 해서 법을 듣고자 하였나이다.

그 때 야차가 왕에게 말하였나이다.

"법을 배우기란 어려운 일이다. 어떻게 거저 그것을 들으려 하는가?"

"무엇이나 필요한 것은 죄다 들어 주겠나이다."

"대왕의 사랑하는 처자를 내게 주어 먹게 하면 법을 설하리라."

그 때 대왕은 사랑하는 부인과 아들 중에서 가장 훌륭한 아들을 주어 야차에게 공양하였나이다. 야차는 그것을 받아 여럿이 보는 앞에서 먹었나이다.

여러 왕들과 관리와 신하들은 왕의 그러한 일을 보고 괴로이 울며 그 일을 그만두도록 왕에게 호소하였나이다. 그러나 왕은 법을 위하기 때문에 결심한 마음을 돌리지 않았나이다.

야차는 대왕의 부인과 태자를 다 먹고 나서 왕을 위해 게송을 읊었나이다.

모든 현상은 덧없는 것이어서
나는 것은 모두 다 괴로운 것
다섯 쌓임 텅 비어 바탕 없거니
'나'도 없고 '내 것'도 없네

야차가 게송을 읊자 왕은 매우 기뻐하면서 조금도 후회하지 않고 머리털 크기의 글자로 그것을 베껴 써서 사람을 시켜 잠부드비이파 안에 돌리고 모두 외워 익히게 하였나이다. 그러자 바이슈라마나왕은 본래 형상으로 돌아와 왕을 칭송하고 그 부인과 태자는 본래처럼 살아있었나이다.

그 때의 왕은 지금의 부처님이십니다. 부처님께서 옛날에는 법을 위해 그처럼 하셨거늘 어찌하여 지금은 중생들을 버리고 일찍 열반에 드시어 그들을 구제하지 않으려 하시나이까.

이렇게 범천은 부처님께 법을 청하는 첫 번째 이야기를 마쳤다.

부처님이 천 개의 등불을
공양한 공덕으로
법을 얻으시다

범천이 계속해서 부처님께 법을 청하는 이야기를 이어갔다.

부처님께서는 먼 과거 아승지 겁에 잠부드비이파에서 큰 나라 왕이 되어 이름을 건사니바리라 하였나이다. 여러 나라와 8만 4천 촌락을 맡아 다스리시고 2만의 부인과 궁녀와 1만의 대신을 두었나이다.

왕은 자비가 있어 일체를 가엾이 여겼으므로 백성들은 힘을 입었고, 곡식은 풍성하여 모두 왕의 은혜에 대해서 인자한 아버지를 우러르듯 하였나이다.

때에 왕은 생각하였나이다.

'나는 지금 제일 높은 왕의 지위에 있다. 백성들은 내 안에서 모두 편히 살고 있다. 그러나 이것만으로 나는 만족할 수가 없다. 묘하고 보배스런 법의 재물을 구해 저들을 이롭게 하리라.'

이렇게 생각하고는 사신을 보내어 영을 내려 일체에 두루 알렸나이다.

"누가 나를 위해 이 묘한 법을 설명하겠는가. 그의 요구를 따라 그가 필요한 것은 모두 주리라."

이때 노도차라는 바라문이 있었는데 그가 궁문에 와서 말하였나이다.

"내게 법이 있습니다."

왕은 그 말을 듣고 매우 기뻐하면서 곧 나가 맞이하여 예배하고는 좋은 자리를 펴서 앉게 한 뒤에 좌우와 함께 합장하고 아뢰었나이다.

"원컨대 대사는 이 어리석은 것을 가엾이 여기시고 묘한 법을 설명하여 그것을 듣고 알게 하소서."

노도차가 말했나이다.

"내 지혜는 먼 곳에서 구한 것이라 공부하기 쉽지 않았습니다. 어떻게 거저 그것을 들으려 하십니까."

왕은 대답하였나이다.

"무엇이나 필요한 것을 다 말씀하시면 바치겠습니다."

노도차는 말하였나이다.

"만일 대왕이 지금 그 몸을 쪼개어 천 개 등불을 켜서 공양하면 법을 설하겠습니다."

왕은 그 말을 듣고 못내 기뻐하여 곧 신하를 보내어 하루 8만 리를 달리는 코끼리에 태워 온 잠부드비이파에 알렸나이다.

"왕은 지금부터 이레 뒤에 법을 위하여 몸을 쪼개어 천 개의 등불을 켤 것이다."

여러 작은 왕들과 모든 백성들은 이 말을 듣고 근심하면서 모두 왕에게 나아가 예배하고 아뢰었나이다.

"지금 이 세계에서 목숨을 가진 중생들이 대왕을 의지해 사는 것은 마치 장님이 길잡이를 의지하고 어린애가 어머니를 의지하는 것과 같나이다. 그러하온데 왕이 돌아가시면 저희들은 누구를 의지하겠나이까. 만일 그 몸을 쪼개어 천 개 등불을 켜신다면 반드시 나라가 온전치 못할 것입니다. 어떻게 그 바라문 한 사람 때문에 이 세계의 일체 중생을 버리려 하십니까."

그 때에 궁중에 있던 2만 부인과 5백 태자와 1만의 대신들도 모두 합장하고 그와 같이 호소하였나이다.

왕은 대답하였나이다.

"너희들은 부디 나의 위없는 도의 마음을 꺾지 말라. 나는 그렇게 함으로써 맹세코 부처가 될 것이요, 부처가 된 뒤에는 반드시 너희들을 먼저 제도하리라."

백성들은 왕의 뜻이 정당한 줄 알면서도 괴로이 울면서 땅에 쓰러졌나이다.

그러나 왕은 그 뜻을 고치지 않고 바라문에게 말하였나이다.

"지금 내 몸을 쪼개어 천 개의 등불을 켜소서."

바라문은 곧 왕의 살을 쪼개고 기름심지를 박았나이다.

사람들은 그것을 보고 기절하였다가 다시 살아나서 땅에 쓰러지니 마치 큰 산이 무너지는 것 같았나이다.

왕은 다시 아뢰었나이다.

"원컨대 대사는 나를 가엾이 여겨 먼저 설법하소서. 그리고 등불을 붙이소서. 혹 내 목숨이 먼저 끊어지면 법을 듣지 못할까 염려합니다."

노도차는 곧 다음 게송으로 법을 외웠나이다.

온갖 존재는 다 없어지나니
높은 것은 반드시 무너지고
만나면 언젠가 떠나게 되며
난 이는 모두 다 죽고 만다

이 게송을 마치고는 곧 불을 붙였나이다.

그 때에 왕은 매우 기뻐하면서 조금도 후회하는 마음이 없이 스스로 서원을 세웠나이다.

"나는 지금 법을 구하여 불도를 성취할 것이다. 부처가 된 뒤에는 지혜의 광명으로 중생들의 결박과 어두움을 비추어 깨닫게 할 것이다."

이렇게 서원하자 천지는 크게 진동하였고 정거천淨居天에까지 이르러서 그 궁전이 모두 흔들렸나이다. 하늘 사람들은 모두 내려다보다가 보살이 법공양을 짓는 데 그 몸을 허물어뜨리면서 목숨을 돌아보지 않는 것을 보았나이다.

그래서 모두 허공을 덮고 내려오면서 슬피 우는데 눈물은 마치 쏟아지는 비와 같았고 하늘꽃을 뿌려 공양하였나이다.

그 때 제석천이 왕 앞에 내려와 갖가지로 칭송하면서 물었나이다.

"대왕은 지금 고통이 매우 심할 것입니다. 혹 마음에 후회하는 일은 없습니까?"

왕은 대답하였나이다.

"없습니다."

제석천은 다시 아뢰었나이다.

"지금 왕의 몸을 보매 벌벌 떨면서 편치 못합니다. 후회가 없다고 스스로 말하지만 누가 그것을 믿겠습니까."

왕은 다시 서원을 세웠나이다.

"만일 내가 처음부터 지금까지 마음으로 후회하지 않았거든 내 몸의 부서짐이 당장 나아지이다."

이렇게 왕이 말하자 몸은 이내 회복되었나이다.

그 때의 그 왕은 바로 지금의 부처님이십니다. 부처님께서 옛날에 그처럼 고통을 받으시면서 법을 구한 것은 모두 중생을 위한 것으로서 지금은 다 성취되었사온데, 어찌하여 저희들은 버리고 열반에 드시어 일체 중생들로 하여금 영원히 큰 법의 광명을 잃게 하려 하시나이까.

이렇게 범천은 부처님께 법을 청하는 두 번째 이야기를 마쳤다.

범천이 부처님께 간곡하게 법을 청하다

부처님이 쇠못에 박히는
고행으로 법을 얻으시다

범천이 계속해서 부처님께 법을 청하는 이야기를 이어갔다.

부처님께서는 지나간 세상에 잠부드비이파에서 큰 나라 왕이 되어 이름을 비릉갈리라 하였사옵니다. 여러 나라와 8만 4천 촌락을 맡아 다스리시고, 2만 부인과 궁녀와 5백 태자와 1만 대신을 두었었나이다. 왕은 큰 자비가 있어 백성을 자식처럼 보살폈나이다.

그 때에 왕은 마음으로 바른 법을 좋아하여 신하를 보내어 온 나라에 영을 내렸나이다.

"누가 나를 위해 바른 법을 말해 주겠는가. 나는 그 요구를 따라 필요한 것을 모두 공급하리라."

때에 노도차라는 바라문이 궁문에 와서 말하였나이다.

"내게 큰 법이 있다. 누구나 듣고자 하면 나는 설하리라."

왕은 이 말을 듣고 기쁨을 이기지 못하면서 몸소 나가 맞이하여 머리를 발에 대어 예배하고 안부를 물은 뒤에 큰 궁전으로 모시고 가서 좋은 자리에 앉게 하고는 합장하고 아뢰었나이다.

"원컨대 대사는 나를 위해 설법하소서."

노도차는 말하였나이다.

"내가 아는 법은 사방을 돌아다니면서 배운 것이라 여러 해 수고한 것입니다. 대왕은 어떻게 거저 그것을 들으려 하십니까."

왕은 합장하고 말하였나이다.

"분부하시면 일체 필요한 것을 대사께 바쳐 아까워하지 않겠습니다."

노도차가 곧 말하였나이다.

"만일 왕의 몸에 천 개의 쇠못을 치면 설법하겠습니다."

왕은 응낙하며 말했나이다.

"지금부터 이레 뒤에 그렇게 하겠습니다."

때에 왕은 곧 사람을 보내어 하루 8만 리를 달리는 코끼리를 타고 잠부드비아파 안에 두루 알렸나이다.

"비릉갈리 대왕은 지금부터 이레 뒤에 그 몸에 천 개 쇠못을 치리라."

신하들은 그 말을 듣고 구름처럼 모여 와 왕에게 아뢰었나이다.

"저희들은 사방 멀리 있으면서 왕의 은덕을 입고 모두 편히 살아가나이다. 원컨대 대왕은 저희들을 위하여 그 몸에 천 개 쇠못을 치지 마소서."

궁중에 왕후, 태자, 대신들이 모여 왕에게 호소하였나이다.

범천이 부처님께 간곡하게 법을 청하다

"원컨대 대왕은 저희들을 생각하시고 한 사람 때문에 목숨을 마쳐 천하의 일체 중생들을 버리지 마소서."

왕은 대답하였나이다.

"나는 오랫동안 나고 죽으면서 수없이 몸을 버렸었다. 탐욕과 성냄과 어리석음 때문에 버렸으니 그 백골을 헤아리면 수미산보다 높을 것이요, 머리를 베어 흘린 피는 다섯 강물보다 많을 것이며, 울면서 흘린 눈물은 네 바닷물보다 많을 것이다. 이런 갖가지 일이 있었지만 그것은 헛되이 목숨만 버린 것이요 법을 위한 것은 아니었다. 나는 지금 내 몸에 쇠못을 침으로써 불도를 구하는 것이니 부처가 된 뒤에는 지혜의 날카로운 칼로 너희들 번뇌의 병을 끊어 버릴 것이다. 그런데 어찌하여 내 도심道心을 막으려 하는가."

여러 사람들은 잠자코 말이 없었나이다.

이에 왕은 바라문에게 말하였나이다.

"원컨대 대사는 은혜를 베풀어 먼저 설법하신 뒤에 못을 치소서. 혹 내 목숨이 먼저 끊어지면 법을 듣지 못할까 염려합니다."

때에 노도차는 다음 게송으로 말하였나이다.

일체는 모두 덧없는 것이어서
나는 것은 모두 다 괴로운 것
모든 법에 공하여 실체 없거니
그것은 진실로 내 것 아니네

이렇게 게송을 마치고는 곧 왕의 몸에 천 개 쇠못을 쳤나이다. 여러 작은 왕과 신하들과 대중들이 땅에 쓰러지는 것이 마치 큰 산이 무너지는 것 같았고 땅에 뒹굴고 울면서 사방을 분별하지 못하였나이다.

그 때에 천지는 여섯 가지로 진동하였는데 욕심세계의 여러 하늘들은 그 이유를 괴상히 여겨 모두 내려왔다가 보살이 법을 위해 그 몸을 헐고 괴로워하는 것을 보고는 한꺼번에 울어 그 눈물이 쏟아지는 비와 같았나이다. 그리고 하늘꽃을 뿌려 공양하였나이다.

때에 제석천은 왕의 앞에 나아가 물었나이다.

"대왕이 지금 용맹정진하면서 고통을 싫어하지 않는 것은 법을 위해서입니다. 무엇을 구하려 하십니까. 제석천이나 전륜왕이 되려 하십니까. 마왕이나 범왕이 되기를 원하십니까."

왕은 대답하였나이다.

"내가 하는 일은 삼계의 갚음을 받는 즐거움을 구하는 것이 아닙니다. 이 공덕으로써 불도를 구하는 것입니다."

제석천은 다시 물었나이다.

"왕은 지금 몸을 헐어 그처럼 고통하십니다. 과연 뉘우치는 마음이 없습니까."

"없습니다."

"지금 왕의 몸을 보매 스스로 가누지 못하는데 뉘우침이 없다고 말하지만 무엇으로 증명하겠습니까."

왕은 곧 서원을 세웠나이다.

"만일 내가 지극한 정성으로 뉘우치는 마음이 없으면 지금 내 몸은 본래처럼 회복될 것이다."

이렇게 말하자 몸은 곧 회복되었고 하늘과 사람들은 한량없이 기뻐 뛰었나이다.

부처님이시여, 지금 법의 바다는 가득 찼고 공덕은 모두 갖추어졌나이다. 그러하온대 어찌하여 일체 중생을 버리고 빨리 열반에 들어 설법하려 하시지 않나이까.

이렇게 범천은 부처님께 법을 청하는 세 번째 이야기를 마쳤다.

지혜가 있는 사람은 조그마한 인연으로도
큰 마음을 내어 불도로 나아가지만
게으른 사람은 아무리 큰 인연이 있어도
뜻을 내어 불도로 나아가지 못한다
그러므로 수행하는 사람은 마음을 굳게 하고
뜻을 세워 좋은 인연에 용맹스러워야 한다

범천이 부처님께 간곡하게 법을 청하다

부처님이 불구덩이에
몸을 던지는 고행으로
법을 얻으시다

범천이 계속해서 부처님께 법을 청하는 이야기를 이어갔다.

먼 옛날 한량없는 아승지 겁에 잠부드비이파에 큰 나라 왕이 있었는데 이름을 범천왕이라 하였고 그 태자 이름을 담마감이라 하였나이다. 태자는 바른 법을 좋아해 사람을 보내어 사방으로 두루 찾았으나 마침내 얻지 못하였나이다.

제석천은 그 지성을 알고 바라문으로 화하여 궁문으로 나아가 말하였나이다.

"나는 법을 안다. 누구라도 그것을 듣고자 하면 설명해 주리라."

태자는 이 말을 듣고 곧 나가 맞이하여 머리를 발에 대어 예배하고는 큰 궁전으로 모시고 가 좋은 자리를 펴고 앉게 한 뒤에 합장하고 아뢰었나이다.

"원컨대 대사는 저를 가엾이 여겨 설법해 주소서."

바라문은 말하였나이다.

"배우는 일은 매우 어려워 오랫동안 스승을 찾아다녀야 얻어지는 것입니다. 어떻게 그것을 거저 들으려 하십니까. 그것은 이치에 불가합니다."

태자는 다시 말하였나이다.

"대사께서 필요한 것을 분부하시면 내 몸이나 처자까지라도 조금도 아까워하지 않고 드리겠습니다."

바라문은 말하였나이다.

"만일 지금 태자가 깊이 열 길 되는 큰 불구덩이를 만들어 그 안에 가득히 불을 붙이고 거기에 몸을 던져 공양하면 나는 설법하겠습니다."

태자는 그 말대로 큰 불구덩이를 만들었나이다.

왕과 왕후, 궁녀, 신하들은 그 말을 듣고 안절부절하여 모두 모여 태자궁으로 나아가 태자에게 충고하고 바라문을 깨우쳤나이다.

"원컨대 저희들을 사랑하고 가엾이 여겨 태자로 하여금 불구덩이에 들어가지 말게 하소서. 만일 필요하시다면 이 나라와 처자와 내 몸까지라도 드리겠습니다."

바라문은 말하였나이다.

"나는 태자를 핍박하지 않았고 다만 그 생각을 따른 것 뿐입니다. 만일 그렇게 한다면 설법할 것이요, 그렇지 않으면 설법하지 않겠습니다."

사람들은 그 뜻의 견고한 것을 알고 모두 잠자코 있었나이다.

범천이 부처님께 간곡하게 법을 청하다

왕은 곧 사자를 보내어 하루 8만 리를 달리는 코끼리를 타고 잠부드비아파 안에 두루 알렸나이다.

"담마감 태자는 법을 위하여 지금부터 이레 뒤에 불구덩이에 몸을 던질 것이다. 그것을 보고 싶은 자는 빨리 와서 모여라."

여러 작은 왕들과 사방 국경 백성들은 약한 이는 부축해 가면서 구름처럼 모였나이다. 그들은 태자에게 나아가 꿇어앉아 합장하고 꼭 같은 말로 아뢰었나이다.

"저희 신하들은 태자님을 우러르기 부모처럼 하나이다. 만일 태자께서 불구덩이에 몸을 던지시면 이 천하는 모두 부모를 잃고 아주 믿을 곳이 없게 될 것입니다. 저희들을 가엾이 여기시고, 한 사람을 위해 일체를 버리지 마소서."

태자는 말하였나이다.

"나는 오랜 옛날부터 나고 죽는 동안에 수없이 몸을 잃었다. 인간일 때는 탐욕 때문에 서로 해쳤고, 천상에서는 수명이 다해 쾌락을 잃고 근심하고 괴로워하였다. 또 지옥에서는 불에 타고 끓는 물에 삶기며, 도끼, 톱, 창, 칼, 칼산 속에서 하룻동안에도 헤아릴 수 없이 몸을 잃었는데 마음과 골수에 사무치는 고통은 이루 다 말할 수 없었다.

아귀로 있을 때에는 온갖 독毒이 몸을 찔렀고, 축생으로 있을 때에는 뭇 입에 몸을 제공하였고, 무거운 짐을 지고 풀을 먹는 등 그 고통은 헤아리기 어려웠다. 그러나 그것은 부질없이 온갖 고통만 겪고 헛되이 신명만 버린 것으로서 일찍 착한 마음으로 법을 위해

한 일은 아니었었다.

　나는 지금 이 냄새 나고 더러운 몸으로 법을 위해 공양하려 하는데 너희들은 어찌하여 나의 위없는 도심道心을 꺾으려 하는가. 내가 이 몸을 버리는 것은 불도를 구하기 위해서이다. 내가 불도를 이룬 뒤에는 너희들에게 다섯 가지 법신을 베풀어 줄 것이다."

　여러 사람들은 잠자코 있었나이다.

　그 때에 태자는 불구덩이 위에 서서 바라문에게 아뢰었나이다.

　"원컨대 대사는 나를 위해 설법하소서. 혹 내 목숨이 먼저 끝나면 법을 듣지 못할까 하나이다."

　바라문은 곧 다음 게송을 읊었나이다.

　언제나 사랑하는 마음을 가져
　성내고 해치려는 생각 없애고
　슬퍼하는 마음으로 중생 돌보아
　흐르는 그 눈물 비오듯 하며

　따라 기뻐하는 마음 닦아 행하여
　내가 법을 얻은 것 같이 여기고
　도의 뜻으로 중생을 보호하면
　그것이 바로 보살의 행이니라

범천이 부처님께 간곡하게 법을 청하다

비라문이 게송을 마치자 태자는 불구덩이에 몸을 던지려 하였나이다. 그 때에 제석천과 범천왕은 각각 그의 한 손을 붙들고 말하였나이다.

"이 잠부드비이파 안의 모든 중생들은 모두 태자님 은혜로 각기 제 일을 즐기고 있습니다. 지금 태자님께서 불구덩이에 몸을 던지면 천하는 그 아버지를 잃게 될 것입니다. 어찌 스스로 몸을 죽여 일체 중생을 버리려 하나이까."

태자는 천왕들과 백성들에게 대답하였나이다.

"어찌하여 나의 위없는 도심을 막으려 하는가."

태자는 곧 몸을 날려 불구덩이에 떨어졌나이다. 그 때 천지는 크게 진동하고 허공의 하늘들은 한꺼번에 울부짖어 마치 눈물은 쏟아지는 비와 같았나이다. 불구덩이는 삽시간에 연못으로 변하고 태자는 그 못 속의 연화대蓮花臺에 앉아 있었나이다. 그리고 하늘들은 꽃을 뿌려 태자의 무릎에까지 이르렀나이다.

그 때의 범천왕은 지금의 부왕 정반왕이요, 어머니는 지금의 마야 부인이며, 태자 담마감은 바로 지금의 부처님이십니다. 부처님께서 그 때에 그처럼 법을 구하신 것은 중생을 구제하기 위해서이었나이다. 지금은 그 소원이 이미 성취되었사오매 마땅히 저 메마른 무리들을 적셔 주어야 하겠나이다. 그러하온데 어찌하여 저들을 버리고 열반에 드심으로써 설법하지 않으려 하시나이까.

이렇게 범천은 부처님께 법을 청하는 네 번째 이야기를 마쳤다.

부처님이 가죽을
벗기우는 고행으로
법을 얻으시다

범천이 계속해서 부처님께 법을 청하는 이야기를 이어갔다.

과거 한량없는 아승지 겁에 바라나시에는 5백 명 선인이 있었고 그들 스승의 이름은 울다라라 하였나이다. 그는 항상 바른 법을 사모하여 사방으로 스승을 구해 온 나라에 두루 알렸나이다.

"누가 나를 위해 바른 법을 설해주면 나는 그의 요구를 따라 모두 드리리라."

어떤 바라문이 와서 말하였나이다.

"내게 바른 법이 있다. 누구나 듣고자 하면 설명하리라."

때에 울다라는 합장하고 아뢰었나이다.

"원컨대 나를 가엾이 여겨 그 법을 설명해주소서."

바라문은 말하였나이다.

"법을 배우는 일은 매우 어려워 오래 괴로워하여야 얻어지는 것,

어찌하여 너는 거저 그것을 들으려 하는가. 그것은 이치에 불가하다. 그대가 지성으로 법을 얻으려 하거든 마땅히 내 말을 따르라."

울다라는 아뢰었나이다.

"대사님 분부를 어찌 감히 거역하겠습니까."

바라문은 말하였나이다.

"만일 네가 지금 가죽을 벗겨 종이를 만들고 뼈를 쪼개어 붓을 만들며 피를 먹에 타서 내 법을 받아쓰면 너를 위해 설법하리라." 울다라는 이 말을 듣고 기뻐 뛰면서 불법을 위해 곧 가죽을 벗기고 뼈를 쪼개고 피를 먹에 타고는 우러러 아뢰었나이다.

"지금이 바로 그 때입니다. 원컨대 빨리 설법하소서."

바라문은 곧 다음 게송을 말하였나이다.

항상 몸의 행을 잘 단속해
살생과 도둑질과 음행을 하지 않고
이간질과 나쁜 말 하지 않고
거짓말과 비단결 같은 말 하지 않으며

마음으로 온갖 욕심 탐하지 않고
성내거나 해칠 생각 가지지 않고
온갖 삿된 소견을 버린다면
그것이 바로 보살의 행이니라

바라문이 게송을 마치자 울다라는 이를 받아쓰셨나이다. 그리하여 사람을 보내어 잠부드비이파 안의 모든 사람들로 하여금 그것을 베껴 쓰게 하고 읽고 외어 그대로 수행하게 하였나이다.

그 때에 부처님께서는 중생을 위하여 이와 같이 법을 구하되 마음에 뉘우침이 없었나이다. 그러하온데 지금은 어찌하여 일체 중생을 버리고 열반에 드심으로써 설법하지 않으려 하시나이까.

이렇게 범천은 부처님께 법을 청하는 다섯 번째 이야기를 마쳤다.

부처님이 굶주린 매에게
몸을 내주는 고행으로
법을 얻으시다

범천이 계속해서 부처님께 법을 청하는 이야기를 이어갔다.

오랜 옛날 아승지 겁에 잠부드비이파에서 큰 나라 왕이 있었사온데 이름을 시비라 하였나이다. 왕이 계시는 성 이름은 제바발제로서 한량없이 풍성하고 즐거웠나이다.

시비왕은 잠부드비이파의 8만 4천이 넘는 작은 나라와 6만의 산천과 8천 억의 촌락을 다스리셨고 2만의 부인과 궁녀와 5백의 태자와 1만의 대신을 두었나이다. 그리고 큰 자비를 행하여 일체 중생을 가엾이 여겼나이다.

그 때 하늘의 제석천은 자신에게서 다섯 가지 공덕이 떠나 목숨이 끝나게 됨을 알고 매우 근심하고 걱정하였나이다.

비수갈마가 그것을 보고 말했습니다.

"왜 슬퍼하면서 근심하는 빛이 있나이까."

제석천은 대답하였나이다.

"나는 곧 죽을 것이다. 죽을 징조가 이미 나타났다. 지금 세상에는 불법은 이미 사라지고 또 큰 보살들도 없다. 그래서 내 마음은 어디 귀의할지를 알지 못하고 근심하는 것이다."

비수갈마가 아뢰었나이다.

"지금 잠부드비이파에 큰 나라 왕이 있어 보살도를 행하옵는데 이름을 시비라 하나이다. 그는 뜻이 굳고 정진하여 반드시 불도를 이룰 것입니다. 거기 가서 귀의하시면 반드시 보호하고 재앙을 구원해 주실 것입니다."

제석천은 다시 말하였나이다.

"만일 그가 보살이라면 나는 먼저 그것이 진실인가 아닌가를 시험해 보리라. 너는 비둘기로 화하라. 나는 매로 화하리라. 그래서 나는 급히 네 뒤를 쫓고 너는 쫓기면서 그 왕에게 가서 보호를 구하라. 그것으로 시험하면 그의 참과 거짓을 알 수 있을 것이다."

비수갈마는 말하였나이다.

"보살 대인에게는 괴로움을 주지 말고 공양을 올려야 하나이다. 그런 어려운 일로 핍박할 것이 아닙니다."

그 때 제석천은 다음과 같이 말하였나이다.

"나도 나쁜 마음으로 그러는 것이 아니니라. 이는 순금인지를 시험해 보는 것과 같으며 그것으로 보살을 시험함으로써 진실인지 아닌지를 알게 되리라."

제석천이 말을 마치자 비수갈마는 스스로 비둘기로 화하고 제석천은 매로 화하여 비둘기 뒤를 급히 쫓아 곧 잡아먹으려 하였나이다. 그 때 비둘기는 매우 황급히 대왕의 겨드랑이 밑으로 날아들어 왕에게 목숨을 의지하였나이다.

매는 곧 그 뒤를 쫓아 와 궁전 앞에 앉아 왕에게 말하였나이다.

"그 비둘기는 내 밥인데 왕 곁에 와 있습니다. 빨리 내게 돌리십시오. 나는 매우 굶주려 있습니다."

비시왕은 말하였나이다.

"내 본래의 서원은 일체 중생을 제도하는 일이다. 이 생명이 내게 와서 의지하였다. 나는 결코 너에게 주지 않으리라."

매는 다시 말하였나이다.

"대왕은 지금 일체 중생을 제도한다고 말씀하셨습니다. 만일 그 먹이를 뺏으면 내 목숨은 구제될 수 없습니다. 나와 같은 무리는 일체 중생에 들어가지 않습니까?"

왕이 물었나이다.

"만일 너에게 다른 고기를 주면 너는 먹겠는가."

매는 대답하였나이다.

"다만 갓 죽인 더운 고기라야 먹습니다."

왕은 생각하였나이다.

"지금 갓 죽인 더운 고기를 구한다면 그것은 하나를 죽여 하나를 구제하는 것으로서 이치에 맞지 않다."

왕은 가만히 생각하더니 날카로운 칼을 가져다 자기 다리 살을 베어 그것을 매에게 주고 비둘기 목숨과 바꾸었나이다.

그 때 매는 말하였나이다.

"왕은 시주가 되어 일체를 평등하게 보십니다. 내 비록 조그만 새이지만 이치에는 치우침이 없습니다. 만일 그 살로 이 비둘기와 바꾸려고 하시면 저울을 평평하게 해야 할 것입니다."

왕은 곧 좌우에 명령하여 빨리 저울을 가져 오게 하여 저울추를 가운데 달고 양쪽에 판을 두어 비둘기를 가져다 한 쪽에 얹고 벤 살을 다른 한쪽에 얹었나이다. 그러나 다리 살을 다 베어도 비둘기보다 가벼웠나이다. 그래서 다시 두 팔과 두 옆구리 살을 다 베었지만 여전히 비둘기 무게보다 모자랐나이다.

그 때에 왕은 몸을 일으켜 저울판에 오르려 하였으나 기운이 부쳐 헛디디는 바람에 땅에 쓰러져 까무라쳤다가 한참만에야 깨어나 스스로 그 마음을 꾸짖었나이다.

"나는 오랜 옛날로부터 마음에 시달려 삼계를 윤회하면서 갖가지로 고초를 맛보았으나 아직 복을 짓지 못하였다. 그러나 지금은 정진하여 행을 세울 때요 게으를 때가 아니다."

이렇게 자신을 꾸짖고는 억지로 일어나 저울판에 오르게 되었나이다.

그 때에 천지는 여섯 가지로 진동하여 모든 하늘 궁전들이 다 흔들렸나이다. 그리고 욕심세계의 여러 하늘은 한꺼번에 내려와 허공에서 보살이 어려운 행을 행하여 몸을 허물어뜨리면서 마음으로 큰 법을 기약하는 것을 보고는 모두 한꺼번에 울어 눈물은 쏟아지는 비와 같았나이다. 그리고 하늘꽃을 내려 그것으로 공양하였나이다.

그 때에 제석천은 본래 형상으로 돌아와 왕 앞에 서서 말하였나이다.

"지금 누구도 따르기 어려운 그런 행은 도대체 무엇을 구하려 하는 것입니까. 전륜성왕이나 제석천이나 마왕이 되려고 원하는 것입니까. 삼계 가운데서 무엇을 구하고자 하는 것입니까."

보살은 대답하였나이다.

"내가 구하려고 기약하는 것은 삼계의 영화로운 즐거움이 아닙니다. 내가 짓는 복의 갚음은 불도를 구하려고 하는 것입니다."

제석천은 다시 말하였나이다.

"왕은 지금 몸을 헐어 그 고통은 골수에 사무칩니다. 혹 뉘우치는 생각이라도 없습니까."

"없습니다."

"비록 없다고 말씀하지만 그것을 누가 알 수 있습니까. 지금 왕의 몸을 보매 쉬지 않고 떨고 있으며 말하는 기운이 끊어질 것 같습니다. 그러면서 뉘우침이 없다고 하는데 무엇으로 그것을 증명하시렵니까."

왕은 곧 서원을 세웠나이다.

"나는 처음부터 지금까지 털끝만큼도 후회하지 않았으니 내가 원하는 것은 반드시 그 결과를 얻을 것이다. 지성은 헛되지 않나니 내 말과 같다면 내 몸은 곧 회복되리라."

이 서원을 마치자 몸은 곧 회복되어 전보다 더 훌륭해졌나이다.

하늘과 사람들은 일찍 없었던 일이라 칭송하고 기뻐 뛰면서 어쩔 줄을 몰랐나이다.

시비왕은 바로 지금의 부처님이십니다. 부처님께서 옛날에는 그처럼 중생들을 위해 신명을 돌아보지 않았나이다. 법의 바다는 이미 찼고 법의 깃대는 이미 섰으며 법의 북은 이미 울었고 법의 등불은 이미 밝았사오니 지금 부처님께서 중생을 제도할 때는 바로 이 때이옵니다. 어찌하여 일체 중생을 버리고 열반에 드심으로써 설법하지 않으려 하시나이까."

범천왕은 부처님 앞에서 합장하고 찬탄하면서 부처님께서 전생에 중생을 위하여 법을 구한 사실 1천 가지를 설명하였다. 그 때에 부처님께서는 범천왕의 청을 받아들이고 곧 바라나시의 사슴동산으로 가시어 법 바퀴를 굴리시니 그로 말미암아 삼보三寶가 처음으로 세상에 나타났다. 그 때에 하늘과 사람, 용, 귀신 등 여덟 무리들은 이 말을 듣고 모두 기뻐하여 받들어 행하였다.

범천이 부처님께 간곡하게 법을 청하다

세상에는 지혜로운 사람 만나기 어렵고

스스로 지혜롭기도 어렵다

더구나 부처님 만나기는 더욱 어렵다.

하지만 이 법을 듣고 믿고 실천한다면

이 사람이야말로 지혜로운 사람이 되리라

머지않아 부처님 국토에 태어나서

부처님 보게 되리라

제3장

진실한 보시의
공덕은
끝이 없어라

밤새 꺼지지 않는
가난한 난타의 등불

어느 때 부처님은 사위국 기수급고독원에 계셨다.

그 때에 난타라는 여자가 있었는데 그녀는 가난하고 고독하여 구걸하면서 살아갔다. 난타는 국왕과 신민의 노소들이 모두 부처님과 스님들 공양하는 것을 보고 가만히 생각하였다.

'나는 전생에 무슨 죄로 빈천한 집에 태어나 복밭을 만났건만 종자가 없을까.'

그렇게 못내 괴로워하고 마음 아파하면서 조그만 공양이나마 기약하고 나가 구걸하기를 날이 저물도록 쉬지 않았으나 겨우 돈 1전을 얻었을 뿐이었다.

그녀는 그것을 가지고 기름집으로 가서 기름을 사려 하였다.

기름집 주인이 물었다.

"1전어치 기름을 사봐야 너무 적어 쓸 데가 없을 텐데 무엇에 쓰려는가."

난타는 심정을 자세히 이야기하였다. 기름집 주인은 그녀를 가엾이 여겨 기름을 갑절로 주었다. 난타는 기름을 얻고 매우 기뻐하여 등불 하나를 만들어 가지고 절로 갔다.

등불을 부처님께 바친 뒤 부처님 앞에 있는 여러 등불 가운데 두고 서원을 세웠다.

'나는 지금 빈궁하여 이 작은 등불로 부처님께 공양하나이다. 이 공덕으로써 나로 하여금 내생에 지혜의 광명을 얻어 일체 중생의 어두움을 없애게 하여지이다.'

이렇게 서원을 세우고는 부처님께 예배하고 떠났다.

밤이 지나 어둠이 깊어지자 다른 등불은 모두 꺼졌다. 그러나 난타의 등불만은 홀로 밝혀 있었다.

그 날은 목건련이 당번이었는데 날이 밝은 것을 보고 등불을 걷어치우려다가 한 등불만이 홀로 밝게 타면서 심지가 닳지 않는 것을 알았다. 그는 낮에 등불을 켜는 것은 아무 소용 없다고 생각하고 등불을 꺼 두었다가 저녁에 다시 켜려고 손으로 끄려 하였다. 그러나 불꽃은 여전하여 꺼지지 않았다. 그래서 다시 옷자락으로 끄려 하였으나 불꽃은 꼼짝도 하지 않았다.

부처님은 목건련이 등불을 끄려 하는 것을 보시고 말씀하셨다.

"지금 그 등불은 너희 성문들로서는 끌 수 있는 것이 아니다. 비록 네가 네 바다의 물을 거기에 쏟거나 산 바람으로 그것을 불더라도 끌 수가 없다. 왜냐하면 그것은 일체 중생을 두루 건지려고 큰 마음을 낸 사람이 보시한 물건이기 때문이니라."

부처님께서 이렇게 말씀하시자 난타는 부처님께로 나아가 땅에 엎드려 예배하였다. 부처님은 곧 그녀에게 수기를 주었다.

"너는 오는 세상 두 아승지와 백 겁 동안에 부처가 되어 이름을 등광燈光이라 하고 열 가지 호를 완전히 갖출 것이다."

난타는 수기를 받고 기뻐하여 꿇어앉아 출가하기를 원하였다. 부처님은 곧 허락하시어 그녀는 비구니가 되었다.

아난다와 목건련은 가난한 여자가 고액을 면하고 집을 떠나 수기 받는 것을 보고 꿇어앉아 합장하고 부처님께 사뢰었다.

"난타 여인은 전생에 무슨 업을 지어 오랫동안 구걸하며 살아 왔사오며, 또 무슨 행으로 말미암아 부처님을 만나 출가하여 네 무리들이 공경하고 우러르면서 다투어 공양하려 하나이까."

부처님은 말씀하셨다.

"과거에 카샤파라는 부처님이 계셨다. 그 때 어떤 거사의 부인은 몸소 나아가 부처님과 비구 스님들을 청하였다. 그러나 부처님은 어떤 가난한 여자에게 공양을 받기를 먼저 허락하고 계셨다. 그는 이미 수행의 길에 들어선 여자였다.

그러나 장자의 부인은 자기의 재산이 훨씬 많은 것을 알기에 가난한 여자를 업신여겼고 부처님께서 먼저 청을 받은 것을 불쾌히 여겨 말하였다.

"부처님께서는 어찌하여 내 공양을 받지 않고 저 거지의 청을 먼저 받으셨습니까."

이렇게 나쁜 말로 성인을 업신여겼기에 그 뒤로 5백 년 동안 언제나 빈천한 거지 집에 태어났다. 그러나 뒷날 다시 부처님과 스님들을 공양하고 공경하며 기뻐하였기 때문에 지금 부처님을 만나 수기를 받았고 온 나라가 공경하고 우러르느니라."

대중들은 부처님의 말씀을 듣고 모두 기뻐하였다. 왕과 신민들은 가난한 여자가 부처님께 등불 하나를 바침으로써 부처가 되리라는 수기를 받았다는 말을 듣고 모두 존경하는 마음을 내어 저마다 훌륭한 의복 등 네 가지 물건을 보시하여 모자람이 없게 하였다. 온 나라 남녀들이 귀천 노소를 막론하고 향유香油 등불을 다투어 준비하여 제타숲 절로 가서 부처님께 공양하였다.

무수한 등불을 보시하여
부처가 된 무니공주

난타의 등 공양 이후 제타동산 사방에 사람들이 밝힌 등불이 가득하여 마치 별들이 공중에 흩어져 있는 것과 같았다.

그 때에 아난다는 매우 기뻐하며 부처님의 여러 가지 덕행을 찬탄하고 사뢰었다.

"알 수 없나이다. 부처님께서는 과거 세상에 어떤 선의 뿌리를 심었기에 이런 한량없는 등불 공양의 결과를 받나이까."

부처님은 말씀하셨다.

"먼 옛날 두 아승지 겁의 91겁 전에 잠부드비이파에 이름을 파새기라 하는 큰 나라 왕이 있었다. 그가 태자를 낳았는데 몸은 자주금빛이요, 서른두 가지 거룩한 모습과 여든 가지 특별한 모양을 갖추었으며, 정수리에는 저절로 이루어진 보배가 있어 여러 가지 빛나는 모양은 사람의 눈을 부시게 하였다.

왕은 신하를 불러 아이의 길흉을 점치게 하고 이름을 지으라 하였다.

신하는 아이의 기묘한 상을 보고 손을 들어 외쳤다.

'아, 기특하고 기특하여라. 이제 이 태자는 세상의 천상과 인간에서 짝할 이가 없습니다. 만일 집에 있으면 전륜성왕이 될 것이요, 집을 떠나면 스스로 깨치는 부처가 될 것입니다.'

신하가 이어 왕에게 물었다.

'태자가 날 때에 어떤 이상한 일이 있었습니까?'

왕은 대답하였다.

'정수리에 빛나는 보배가 저절로 솟아나 있었다.'

아이는 차츰 장성하여 집을 떠나 도를 깨달아 부처가 되었고 이후 백성들을 교화하여 많은 사람을 제도하였다.

그 때에 부왕은 부처님과 스님들을 청하여 석달 동안 공양하였다. 아리밀라라는 비구는 등을 만들어 석달 동안 공양하는 시주를 구하려고 날마다 성으로 들어가 여러 장자와 백성들에게 가서 소유蘇油 등불의 재료를 구하였다.

때에 그 나라 공주 무니는 높은 다락에 올라 그 비구가 날마다 성에 들어와 무엇을 구하는 것을 보고 마음으로 공경하고 존중하여 사람을 보내어 물었다.

'존자는 늘 그처럼 수고하시는데 무슨 일을 하십니까?'

비구는 대답하였다.

'나는 지금 석달 동안 부처님과 비구 스님들을 위해 등불을 켜려

고 시주를 구합니다. 그래서 성에 들어가 여러 현자들을 찾아다니면서 소유등불 재료를 구하고 있습니다.'

사신이 돌아가 보고하자 공주는 기뻐하면서 아리밀라에게 말을 전하였다.

'지금부터는 다니면서 구걸하지 마시오. 내가 등불 만들 재료를 공급하겠습니다.'

비구는 그리 하라 하였다. 그 뒤로 왕의 딸은 늘 소유등불의 재료를 절에 보내었다.

아리밀라 비구는 날마다 주선하여 등불을 켜 공양하고 일체 중생을 두루 제도할 서원을 세워 정성이 지극하고 독실하였다.

부처님은 그에게 수기를 주셨다.

'너는 오는 세상 아승지 겁 뒤에 부처가 되어 이름을 정광이라 할 것이요, 열 가지 호를 완전히 갖출 것이다.'

왕의 딸 무니는 아리밀라 비구가 장차 부처가 되리라는 수기를 받았다는 말을 듣고 속으로 생각하였다.

'부처님께 바치는 등불은 모두 내가 보시했고 비구는 그것을 주선만 하였다. 그런데 지금 비구는 수기를 받는데 나만 홀로 받지 못하는구나.'

이렇게 생각하고 부처님께 나아가 자기 심정을 하소연하였다.

부처님은 무니에게도 수기를 주시면서 말씀하셨다.

'너는 오는 세상 두 아승지의 91겁 뒤에 부처가 되어 이름을 석가무니라 할 것이요, 열 가지 호를 완전히 갖출 것이다.'

진실한 보시의 공덕은 끝이 없어라

공주 무니는 부처님의 예언을 듣고 기쁨이 마음 속에서 터져 나오면서 갑자기 남자로 변하였다. 그가 거듭 부처님 발에 예배하고 사문이 되기를 원하자 부처님은 곧 허락하셨다. 무니는 용맹스럽게 정진하면서 부지런히 닦기를 쉬지 않았느니라.”

부처님은 이어 아난다에게 말씀하셨다.
“그 때의 아리밀라 비구는 다른 사람이 아니라 과거의 정광부처님이 바로 그이요, 공주 무니는 바로 이 내 몸이니라. 나는 옛날 등불을 보시함으로 해서 그 때부터 수없는 겁 동안에 천상과 인간에서 저절로 복을 받았고, 몸은 특별하여 다른 사람보다 뛰어났으며 지금 부처가 되었으니 그 등불의 갚음을 받느니라.”

때에 대중들은 부처님 말씀을 듣고 깨달음에 이르는 이도 있고, 연각의 선근을 심은 이와 위없는 바르고 참된 도의 마음을 낸 이도 있었다.

아난다와 대중들은 모두 땅에 엎드려 예배하고 기뻐하면서 받들어 행하였다.

금병을 부처님께 보시하여
도리천에 태어난 독사

어느 때 부처님은 사위국 기수급고독원에 계셨다.

그 때에 비구들은 제각기 다른 나라에서 90일 동안의 안거를 마치고 부처님께 나아가 거룩한 가르침을 받았다.

부처님께서는 여러 비구들과 오랫동안 헤어져 있었기 때문에 인자한 마음으로 가엾이 여겨 곧 손바닥에 천 폭 바퀴 무늬가 있는 손을 들어 그들을 위로하시고 마음을 낮추어 물으셨다.

"너희들은 먼 벽지에 있으면서 음식과 공양에 불편은 없었느냐?"

부처님의 공덕은 세상에 그 짝이 없는데 이처럼 마음을 낮추시어 비구들을 보시고 특별히 겸손하셨다.

아난다는 그것을 보고 괴이히 여겨 여쭈었다.

"부처님께서 세상에 나오심은 가장 특별한 일이옵고 또 공덕과 지혜는 세상에 보기 드무나이다. 그러하온데 지금 마음을 낮추시어 비구들을 위로하여 물으시니 알 수 없나이다. 부처님께서 그처럼 겸손한 말씀을 쓰시는 것이 친절이 되나이까?"

부처님께서 말씀하셨다.

"먼 옛날 수없고 헤아릴 수 없는 아승지 겁에 이 잠부드비이파에 큰 나라가 있어 이름을 바라나시라 하였다.

그 때에 어떤 사람이 있어 집안 살림을 잘 다스렸다. 그러나 금을 특히 좋아하여 힘을 다해 금을 모을 때에 괴로움을 돌보지 않고 사방으로 돌아다니면서 부지런히 노동하여 거기서 생긴 돈은 모두 금을 사는 데 다 썼다. 그래서 한 병을 채워서는 집안에 땅을 파고 감추어 두었다. 이렇게 갖가지로 몸을 괴롭혀 여러 해를 지내도록 옷도 변변히 입지 않고 음식도 제대로 먹지 않으면서 쉬지 않고 금을 모아 마침내 일곱 병을 채워 모두 묻어 두었다.

그 뒤에 그는 병에 걸려 목숨을 마치고는 금에 너무 집착했기 때문에 한 마리 독사가 되어 그 집에 돌아와 금병을 지켰다. 여러 해를 지나 집이 허물어지고 거기서 사는 사람이 없었으나 독사만은 금병을 지키고 있었다. 살만큼 살다가 목숨이 다하여 몸을 버리고도 금을 사랑하는 마음이 쉬지 않아 다시 본래 몸을 받아 그 몸으로 금병을 감고 있었다.

이렇게 계속하여 수만 년을 지내고 최후로 독사 몸을 받았을 때에는 드디어 그 몸에 싫증이 생겼다.

그는 원인을 생각하였다.

'이 금 때문에 이런 나쁜 몸을 끊임없이 받았다. 이제는 이것을

좋은 복밭에 보시하여 세세생생에 그 복의 갚음을 받으리라.'

이렇게 생각을 결정하고는 길가 풀 속으로 달아나 몸을 숨기고 기다리면서 만일 누가 오면 그에게 이 사정을 말하리라고 생각하였다.

마침 그 때 독사는 어떤 사람이 지나가는 것을 보고 불렀다. 행인은 부르는 소리를 듣고 좌우를 둘러보았으나 아무도 보이지 않고 소리만 들리므로 그대로 걸어갔다.

그제서야 독사가 몸을 나타내어 부르면서 말하였다.

'여보십시오, 내게로 가까이 좀 오십시오.'

사람은 대답하였다.

'네 몸에는 독이 있다. 나를 왜 부르느냐. 내가 너에게 가까이 가면 반드시 해를 입을 텐데.'

독사는 말하였다.

'내가 진실로 나쁜 마음을 가졌다면 당신이 오지 않더라도 해칠 수 있습니다.'

행인이 독사에게로 가자 독사가 말하였다.

'지금 여기 금병이 하나 있습니다. 나는 그것을 당신에게 주어 공양함으로써 복을 지으려 하는데 될 수 있겠습니까? 만일 그렇게 하지 않으면 나는 당신을 해칠 것입니다.'

그는 할 수 있다고 대답하였다. 그러자 뱀은 그 사람을 데리고 금 있는 곳으로 가서 금병을 파내어 주면서 말하였다.

'당신은 이 금을 가지고 스님들에게 공양하되 음식을 베푸는 날

진실한 보시의 공덕은 끝이 없어라

99

에는 잊지 말고 아수제를 가지고 와서 나를 메고 그리로 가 주십시오.'

행인은 독사에게서 받은 금을 가지고 절에 가서 유나승維那僧에게 자세히 말하였다.

'그 독사는 공양을 베풀고자 합니다. 날을 빨리 정하십시오.'

공양하는 날이 되어 행인은 조그마한 아수제를 가지고 뱀 있는 곳으로 갔다. 뱀은 그를 보고 매우 기뻐하면서 수고를 감사한 뒤에 곧 아수제 위에 올라가 몸을 도사렸다.

그는 천으로 위를 덮어 그것을 메고 절로 갔다.

길에서 어떤 사람이 그에게 물었다.

'당신은 어디서 오십니까?'

그는 잠자코 대답하지 않았다. 그 사람은 두 번 세 번 물었으나 그는 한 마디도 대답하지 않았다.

그가 메었던 독사는 행인의 퉁명한 행동이 이해되지 않았다. 화를 내어 성한 독을 머금고 그를 죽이려 하다가 도로 성을 가라앉히고 가만히 생각하였다.

'이 사람은 왜 이처럼 예의를 모르는가. 남은 호의로 정중하게 안부를 세 번이나 묻는데 한 마디 대답도 없으니 어찌 그리 무심한가.'

길을 계속 가다가 호젓한 곳에 이르자 뱀이 그에게 말하였다.

'나를 땅에 내려놓으십시오.'

뱀은 그제서야 그를 나무라고 훈계하였다. 행인은 자신의 잘못을 뉘우치고 다시 뱀을 메고 절에 가서 스님들 앞에 내려놓았다.

그 때에 스님들은 공양 때가 되어 줄을 서 있었다. 뱀은 그를 시켜 스님들에게 차례로 향을 피우게 하고, 스스로는 믿는 마음으로 향을 받는 이들을 바라봄에 눈을 떼지 않았다. 스님들이 앞에서 인도하여 탑을 두루 돌았다. 그는 물을 가지고 와서 스님들의 손을 씻어 주었다. 뱀은 공경하는 마음으로 손 씻는 사람을 보되 조금도 염증을 내지 않았다.

스님들은 공양을 마치고 뱀을 위하여 널리 설법하였다. 뱀은 더욱 기뻐하여 다시 보시할 마음이 생겨 유나승을 데리고 금병이 있는 곳으로 가서 나머지 여섯 병을 모두 스님들에게 보시하였다. 뱀은 이렇게 복을 짓고는 이내 목숨을 마치고 그 복덕으로 말미암아 도리천에 났느니라.”

부처님은 이어 아난다에게 말씀하셨다.

“알고 싶으냐. 그 때의 그 뱀을 메던 사람은 다른 사람이 아니라 바로 지금의 이 내 몸이요, 그 독사는 바로 지금의 사리불이니라. 나는 옛날 뱀을 메고 갈 때에 뱀의 꾸지람을 듣고 부끄러워하면서 서원을 세웠다. 겸허한 마음으로 일체 중생을 평등하게 보리라고. 그리하여 오늘날까지 아직 한 번도 중단한 일이 없었느니라.”

때에 여러 비구들과 아난다는 부처님 말씀을 듣고 기뻐하여 받들어 향하였다.

가난하다고 해서 보시하기를 미루지 마라
지금 가난하다고 해서 남에게 보시하지 않는다면
세세생생 가난을 면하기 어렵다고
부처님은 간곡하게 말씀하셨다
비록 작은 것이라도 청정한 마음으로 보시한다면
그 공덕은 이루 말할 수 없다

부처님 초상을 그려 널리 공양한 파새기왕

어느 때 부처님은 사위국 기수급고독원에 계셨다.

그 때에 부처님은 새벽에 아난다와 함께 성에 들어가 걸식하셨다. 도중에 아이들이 소꿉질하는 것을 보셨는데 아이들은 흙을 모아 집과 창고를 짓고 보물과 곡식을 만들었다.

한 아이가 멀리서 오시는 부처님의 빛나는 모습을 바라보고 마음으로 공경하고 기뻐하여 보시할 마음이 생겼다. 그는 곧 창고에서 곡식이라 이름 지은 흙을 한줌 쥐어 부처님께 보시하려 하였다. 그러나 키가 작아 미처 가지 못하여 한 아이에게 말하였다.

"나는 네 위에 올라가 이 곡식을 부처님께 보시하겠다."

그 아이는 매우 기뻐하여 좋다고 대답하였다. 아이는 곧 다른 아이 어깨에 올라서서 부처님께 흙을 바쳤다. 부처님은 바리를 낮추고 머리를 숙여 그것을 받아 아난다에게 주시면서 말씀하셨다.

"이것을 가지고 가서 내 방바닥을 발라라."

걸식을 마치고 절에 돌아온 아난다는 그 흙으로 부처님 방바닥을 발랐다. 한 귀퉁이를 바를 만한 작은 양이었다. 아난다는 옷을 바로 하고 부처님께 나아갔다.

부처님은 말씀하셨다.

"아까 그 아이가 기쁘게 흙을 보시하여 내 방 한 귀퉁이를 발랐다. 그는 그 공덕으로 말미암아 내가 열반한 지 백년 뒤에 국왕이 되어 이름을 아수가라 할 것이요, 그 다음 아이는 대신이 되어 이 잠부드비파이의 모든 나라를 함께 맡아 삼보를 드러내고 널리 공양을 베풀며 사리를 나눠 잠부드비이파를 두루 하고 또 나를 위해 8만 4천의 탑을 세울 것이다."

아난다는 기뻐하여 다시 여쭈었다.

"부처님께서는 옛날 어떤 공덕을 지었기에 그런 많은 탑의 갚음이 있나이까."

부처님은 말씀하셨다.

"오랜 옛날 아승지 겁에 큰 나라 왕이 있어 이름을 파새기라 하였다. 그는 이 잠부드비이파의 8만 4천 나라를 맡아 있었고, 그 때의 부처 이름은 불사라 하였다.

파새기왕은 여러 사람들과 함께 그 부처님과 비구승을 네 가지 물건으로 공양하고 한량없이 공경하며 사모하였다.

그 때에 왕은 가만히 생각하였다.

'지금 이 큰 나라 백성들은 항상 부처님을 뵈오며 예배하고 공양한다. 그러나 그 밖의 작은 나라들은 모두 변방에 치우쳐 있어 그 백성들은 복을 닦을 인연이 없다. 그러므로 부처님 초상을 그려 여러 나라에 널리 펴서 모두 공양하게 하리라.'

그는 이렇게 생각하고 곧 화공들을 불러 초상을 그리게 하였다.

화공들은 부처님 곁에 와서 부처님 상호相好를 보고 그리려 하였으나 한 곳을 그리고 나면 다른 곳은 잊어버렸다. 그래서 다시 자세히 보고 붓을 들어 한 모습을 그리고 나면 다른 모습은 또 잊어버려 모두를 다 그릴 수가 없었다.

그 때에 불사 부처는 여러 가지 색채를 조화하여 손수 자기 초상을 그려 본보기로 삼았다. 그제야 화공들은 그것을 본받아 모두 8만 4천 초상을 그리니 아주 깨끗하고 묘하며 단정하기가 그 부처님과 같았다.

왕은 그림을 한 나라에 한 점씩 주고 영을 내려 백성들로 하여금 꽃과 향을 마련하여 공양하게 하였다. 여러 국왕과 백성들은 부처님 상을 얻어 기뻐하고 공경하여 받들기를 부처님 몸을 뵈온 듯이 하였다.

이와 같이 아난다여, 그 때의 그 파새기왕은 바로 지금의 이 내 몸이다. 나는 그 때에 8만 4천의 부처님 상을 그려 여러 나라에 널리 펴고 사람들로 하여금 공양하게 하였으므로 그 공덕으로 말미암아 세상마다 복을 받되 언제나 천상이나 인간의 제왕이 되었고, 태어나는 곳마다 얼굴이 단정하고 아주 묘하였으며, 서른두 가지 거룩한 모습과 여든 가지 특별한 모양을 갖추게 되었고 또 그 공덕으로 부처가 되었다. 그리하여 열반한 뒤에는 다시 이 8만 4천의 탑의 과보를 얻게 되었느니라."

아난다와 여러 대중들은 부처님 말씀을 듣고 기뻐하여 받들어 행하였다.

물 한 병을 공양하고
아라한이 된 금천

어느 때 부처님은 사위국 기수급고독원에 계셨다.

그 때에 나라에 한 장자가 있었다. 그는 큰 부자로서 재물과 보배가 한량없었다. 장자가 아들을 낳았는데 온 몸이 금색이라 금새 사람들의 눈에 띠었다. 장자는 매우 기뻐하여 잔치를 베풀고 여러 신하들을 불러 길흉을 점치게 하였다. 신하들은 아기를 안고 살펴보다가 기이한 상을 칭찬하며 기뻐하였다.

아이의 이름은 금천金天이라 하였고 복덕이 매우 넉넉하였다. 아이가 태어나던 밤 집안에는 한 우물이 저절로 솟아났다. 세로와 너비는 각각 여덟 자요, 깊이도 그와 같았다. 그 물을 길어 쓰면 사람 뜻에 맞아 옷이 필요하면 옷을 내고, 밥이 필요하면 밥을 내며, 금·은·보배의 일체 필요한 것을 원하여 그 물을 길으면 모두 뜻대로 얻을 수 있었다.

아이는 차츰 성장하면서 여러 가지 기예를 두루 통달하였다. 장자는 아이를 몹시 사랑하여 그 뜻을 거스르지 못하였다. 그리고 생각하기를 '내 아들은 얼굴이 참으로 단정하여 감히 짝할 이가 없다. 기어코 아름다운 낭자를 가리되 얼굴과 빛깔과 자태가 뛰어나고 아름다운 금빛 몸이 내 아들과 같은 인물을 구하리라' 하고 삯꾼을 모집하여 두루 다니면서 배필을 구하게 하였다.

그 때에 염바국의 어떤 큰 장자는 딸을 낳아 이름을 금광명金光明이라 하였다. 그녀는 인물이 단정하기 보통이 아니요, 온 몸은 금빛으로 빛났으며 살결은 곱고 부드러웠다.

그녀가 태어나던 날에도 집안에 여덟 자 우물이 저절로 생겼다. 우물은 갖가지 보배와 의복과 음식을 내어 모두 사람들의 뜻에 맞았다. 그래서 장자는 생각하기를 '내 딸은 단정하고 사람 중에서도 꽃답고 아름답다. 꼭 어진 선비로서 빛나는 형색이 내 딸과 같은 이를 구해 혼인시키리라' 하고 사람을 시켜 배필을 알아 보았다.

딸의 이름은 멀리 사위국까지 퍼졌고 금천의 이름도 그 여자 집에 들려왔다. 그래서 두 장자는 제각기 기뻐하여 곧 서로 사람을 보내어 혼인을 구해 결혼을 마쳤다.

사위국 장자는 며느리를 맞이하여 훌륭한 공양을 베풀고 부처님과 스님네들을 청해 하루 동안 공양하게 되었다. 부처님은 청을 받고 그 집으로 가시어 공양하셨다.

공양을 마치고 바리를 거두신 부처님은 장자와 금천 부부를 위해 묘한 법을 설하여 그들의 마음을 열어 주셨다. 금천 부부와 부모들은 그 자리에서 20억 겁의 쌓인 죄악을 부수고 깨달음의 경계를 얻었다.

때에 금천과 금광명은 부모에게 그들의 집을 떠나기를 청하였다. 부모는 허락하고 그들과 함께 부처님께 나아가 부처님 발에 머리를 조아려 예배하고 세 번 돌고는 도에 들어가기를 청하였다.

부처님이 허락하시자 그들의 수염과 머리털은 저절로 떨어지고 법복이 입혀져 곧 사문이 되었다. 그래서 금천은 비구들과 같이 있게 되었고 금광명 비구니는 비구니 대애도大愛道에게 맡겨졌다. 그들은 차츰 교화를 받아 모두 아라한이 되어 세 가지 밝음과 여섯 가지 신통과 여덟 가지 해탈 등의 일체 공덕을 두루 갖추었다.

아난다는 부처님께 사뢰었다.

"알 수 없나이다. 부처님이시여, 금천 부부는 본래 어떤 업을 지었기로 태어나면서부터 재보가 풍부하고 온 몸은 금빛이며 단정하기 제일이요, 모든 것을 주는 우물을 얻었나이까. 원컨대 부처님께서는 자세히 설명하여 주소서."

부처님은 말씀하셨다.

"먼 옛날 91겁 전에 비파시인이라는 부처님이 계셨다. 그 부처님이 돌아가시고 끼치신 법만이 세상에 남아 있었다. 그 뒤 여러 비구들은 돌아다니면서 교화하다가 어떤 촌락에 이르렀다. 부자 장자들은 비구들이 오는 것을 보고 제각기 다투어 의복과 음식을 이바지하여 모자람이 없었다.

때에 어떤 부부는 매우 빈곤하여 늘 생각하기를 '우리 아버지가 세상에 계실 때에는 창고에 넘치는 재물과 보배가 헤아릴 수 없었는데 지금은 빈곤이 극심하여 풀 자리에 앉고 누우며 옷으로 몸을 가리지 못하고 집에는 한 되의 쌀이 없으니 얼마나 고역인가. 부자로 재물과 보배가 한량이 없었을 때는 이런 고귀한 성중을 만나지 못하다가 지금 이분들을 만나게 되었으나 공양할 돈이 없구나.'

이렇게 생각하고는 슬피 울고 괴로워하면서 그 아내 팔에 눈물을 떨어뜨렸다.

아내는 남편이 우는 것을 보고 물었다.

'무엇이 맞지 않기에 그처럼 괴로워하십니까.'

남편은 대답하였다.

'그대는 모르오. 지금 스님들이 마침 이 마을을 지나는데 부자 거사들은 모두 공양을 베풀고 있소. 그러나 우리 집은 빈곤하여 한 되의 쌀이 없구려. 이 스님들에게 좋은 인연을 맺지 않으면 지금도 빈곤하지만 후생은 더욱 괴로울 것이요. 그것을 생각하고 우는 것이요. 어떻게 하면 좋겠습니까. 아무리 공양하고자 한들 돈이나 보물이 없으니 속절없는 생각 뿐, 소원을 이룰 수가 없습니다.'

아내가 이어 말하였다.

'당신은 지금 묵은 창고에 가서 뒤져 보십시오. 거기서 혹 재물을 얻으면 그것으로 공양하십시오.'

남편은 아내 말대로 묵은 창고 안을 두루 뒤지다가 돈 한 푼을 찾아 아내에게로 왔다. 그 때 아내에게는 거울 하나가 있었다. 둘은 마음을 모아 그것을 보시하기로 하였다. 그래서 새 병에 깨끗한 물을 가득 담고 돈을 그 병 속에 넣고 거울을 위에 얹어 스님들에게 갖고 가서 지극한 마음으로 보시하였다.

스님들은 그들을 위해 그것을 받았다. 그 물로 각기 바리를 씻고 또 그 물을 마셨다. 이리하여 그 부부는 기쁘게 복을 지은 뒤에 병을 얻어 목숨을 마치고는 저 도리천에 났느니라."

부처님은 계속하여 아난다에게 말씀하셨다.

"그 때에 그 가난한 사람으로 한 병의 물을 가져다 스님들에게 보시한 이는 바로 지금의 이 금천 부부이니라. 이들은 전생에 한 푼의 돈과 한 병의 물과 또 하나의 거울을 가지고 보시하였으므로 91 겁 동안 세상에 날 때마다 태도는 단정하고 몸은 금빛이며 얼굴을 빛나고 뛰어나게 묘하여 견줄 데가 없었다. 그리고 그 때에 불법을 믿고 공경하였기 때문에 생사를 떠나 아라한이 되었느니라.

그러므로 아난다여, 알아야 한다. 어떠한 복덕도 짓지 않아서는 안 된다. 그 가난한 사람 같은 이도 조그만 보시로 말미암아 그처럼 한량없는 복의 갚음을 받는 것이니라."

아난다와 대중들은 부처님 말씀을 듣고 모두 부지런히 보시하여 복업을 지을 마음을 내고 기뻐하여 받들어 행하였다.

부처님께 공양 올리고
장자의 아들로 태어난 사문

어느 때 부처님은 사위국 기수급고독원에 계셨다.

그 때에 나라의 어떤 장자가 아들을 낳았는데 얼굴은 단정하고 태어난 지 며칠 안 되어 넉넉히 말을 하였다.

아이는 부모에게 물었다.

"부처님이 계십니까?"

부모는 대답하였다.

"아직 계신다."

다시 물었다.

"존자 사리불과 아난다도 다 계십니까."

"암, 계시고말고."

부모는 아들이 태어나자 곧 말하는 것을 보고 보통 사람이 아니라고 생각하였다. 그리고 매우 희귀하게 여기면서 부처님께 여쭈어 보았다.

부처님은 말씀하셨다.

"그 아이는 복이 있다. 괴이히 여길 것이 없다."

부모는 기뻐하면서 집으로 돌아왔다.

아이는 또 아뢰었다.

"원컨대 양친께서는 나를 위해 부처님과 스님들을 청해 주소서."

부모는 말하였다.

"부처님과 스님들을 청하려면 공양거리가 필요한데 갑자기 마련할 수 없지 않느냐."

아이는 아뢰었다.

"집을 깨끗이 쓸고 자리를 장엄하되 높은 자리 세 개만 만들어 놓으면 백 가지 맛난 음식은 저절로 올 것입니다. 또 내 전생의 어머니는 지금 바라나시국에 살아 계십니다. 나를 위해 청해 주소서."

부모는 그 말을 따라 사람을 시켜 코끼리를 타고 달려가 전생의 어머니를 불러왔다. 그리고 높은 자리 세 개를 만들었다. 첫째는 여래를 위한 것이요, 둘째는 전생 어머니를 위한 것이며, 셋째는 현재의 어머니를 위한 것이었다. 부처님과 스님들이 집에 들어와 차례로 좌정하자 맛나고 아름다운 음식은 저절로 풍족하였다.

부처님은 그들을 위해 설법하셨다. 아버지와 두 어머니와 온 집안 노소들은 법문을 듣고 기뻐했다. 아이는 차츰 자라나서 부모를 하직하고 집을 떠나 바른 업을 알뜰히 닦고 아라한이 되었다.

아난다가 부처님께 여쭈었다.

"그 사람은 전생에 어떤 공덕을 심었기에 부귀한 집에 태어나 어

진실한 보시의 공덕은 끝이 없어라

려서부터 말을 하고 또 도를 배워 신통을 얻게 되었나이까.”

부처님은 말씀하셨다.

“그 사람은 전생에 바라나시의 어떤 장자의 아들로 태어났었다. 아버지가 죽은 뒤에 집안 살림은 점점 줄어들어 매우 빈궁하게 되었으므로 부처님 세상을 만났으나 공양할 것이 없어 늘 마음이 황송하고 편치 않았다. 그래서 그는 그만 양반의 성을 버리고 나그네가 되어 돈 천 냥을 구하기 위해 일 년 동안 돌아다녔다.

어떤 장자가 물었다.

‘너는 돈을 벌어 장가를 가려는가?’

그는 대답하였다.

‘아닙니다.’

‘어디에 돈을 쓰려는가?’

‘부처님과 스님들을 공양하려 합니다.’

장자는 물었다.

‘만일 부처님을 청하고 싶으면 나는 너에게 돈을 줄 것이다. 그리고 우리 집에서 공양하라.’

그는 승낙하고 곧 음식을 차려 부처님과 스님들을 공양하였다. 그 인연으로 해서 목숨을 마친 뒤에는 장자의 집에 태어났고 또 지금 부처를 청해 법을 듣고 도를 얻었느니라. 과거의 그 가난한 사람은 지금 이 장자 아들 사문이니라.”

부처님이 말씀하시자 대중들은 기뻐하면서 받들어 행하였다.

스님들에게 꽃 공양을 올리고 출가한 가난한 청년

이와 같이 내가 들었다.

어느 때 부처님은 사위국 기수급고독원에 큰 비구들 천이백오십 인과 함께 계셨다.

그 때 나라 안에 어떤 부호 장자가 아들을 낳았는데 아이는 얼굴이 참으로 단정하였다. 하늘에서 저절로 온갖 꽃이 내려와 온 집안에 가득 찼으므로 아이 이름을 화천華天이라 지었다.

아이는 장성하여 부처님께 나아가 견줄 데 없는 부처님 상호를 보았다. 기쁜 마음이 몰록 생겨 가만히 생각하였다.

'나는 세상에 나서 귀한 성인을 만났다. 이제 부처님과 저 스님들을 청하리라.'

그는 부처님 앞에 나아가서 사뢰었다.

"원컨대 부처님께서는 스님들과 함께 내일 저의 집에 왕림하셔서 나물밥이나마 받아 주시면 큰 복이요 경사이겠나이다."

부처님은 그의 근기를 아시고 청을 받아 주셨다.

이튿날 공양 때가 되어 부처님과 스님들은 그의 집으로 갔다.

화천은 곧 신통으로 보배 자리를 만들어 온 집안에 두루 펴서 엄숙하게 장엄하였다. 부처님과 스님들은 그 자리에 앉으셨다. 화천이 갖가지 음식을 준비하려고 생각하자 그의 복덕으로 음식은 저절로 차려졌다.

부처님과 스님들은 공양을 마치고 바리를 거두고는 그를 위해 온갖 법을 자세히 설명하셨다. 이에 화천의 집안 사람들은 모두 큰 안락과 만족을 얻었다.

그 때 화천은 곧 부모에게 하직하면서 집을 떠나 부처님 제자 되기를 청하였다. 부모는 허락하였다. 화천은 부처님께 나아가 땅에 엎드려 부처님 발에 예배하고 비구가 되어 부처님의 교훈 받기를 청하였다.

부처님은 그가 도에 들어오기를 허락하고 칭찬하셨다.

"어서 오너라. 비구여."

이렇게 말씀하시자 그의 수염과 머리는 저절로 떨어지고 가사는 몸에 입혀져 사문이 되었다. 그리고 부처님의 교훈을 따라 수행하여 아라한이 되었다.

아난다는 이 일을 지켜보고 부처님께 나아가 꿇어앉아 사뢰었다.

"부처님이시여, 이 화천 비구는 본래 어떤 복을 심었기에 이렇게 하늘꽃이 저절로 내려오고 또 능히 자리와 음식을 신통으로 만드나이까. 부처님이시여, 이 의심을 풀어주소서.”

부처님은 말씀하셨다.

“알고 싶으면 잘 들으라. 과거에 비파시인이라는 부처님이 세상에 나와 중생을 제도하셨다. 때에 스님들이 촌락으로 다니다가 귀족들에게 가면 거기서 모두 공양하였다. 그런데 어떤 사람은 가난하여 재물이 없었다. 스님들을 보고 기뻐하였으나 공양할 거리가 없는 것이 한스러웠다. 그는 들에 나가 온갖 꽃을 꺾어다 스님들에게 흩으면서 진심으로 예배하고 떠났느니라.”

부처님은 이어 말씀하셨다.

“그 때 그 스님들에게 꽃을 흩은 가난한 사람이 바로 지금의 저 화천비구니라. 그는 과거에 믿고 공경하는 마음을 내어 꽃을 꺾어 스님들에게 흩으면서 지극한 마음으로 원하였기 때문에 91겁 동안 나는 곳마다 몸이 단정하였고 마음에 필요하다고 생각해 음식이나 자리나 침구를 얻고자 하면 그것들은 곧 생각대로 이르렀으며 그 복으로 말미암아 스스로 도를 얻었느니라.

그러므로 아난다야, 일체 중생은 작은 보시는 복이 없다 하여 가벼이 여기지 말라. 지금 저 화천이 모든 것을 스스로 얻는 것과 같으리라.”

그 때에 아난다와 대중들은 부처님 말씀을 듣고 기뻐하여 받들어 행하였다.

진실한 보시의 공덕은 끝이 없어라

무수한 역경 속에서도
스님들에게 공양 올린
산단녕 장자

어느 때 부처님은 사위국 기수급고독원에 계셨다.

그 때 나라에 5백 명의 거지 아이들이 있었는데 항상 부처님을 의지하고 스님들을 따라 걸식하면서 살아갔다. 여러 해가 지나자 거지 아이들은 사는 것이 힘들어 서로 말하였다.

"우리는 스님들의 은혜로 목숨을 이어가긴 하지만 괴로운 일이 아직 많다. 그러므로 부처님께 청하여 세속을 떠나 부처님께 돌아가자."

거지 아이들은 부처님을 찾아 뵙고 간곡하게 사뢰었다.

"부처님께서 세상에 나오심은 참으로 만나기 어렵나이다. 저희들은 하천한 집에 태어났사오나 거룩하신 은혜를 입어 목숨이 살아왔나이다. 이미 특별한 보호를 받았사온대 다시 집을 떠나고자 하나이다. 혹 부처님은 허락하여 주시겠나이까."

그 때에 부처님은 거지 아이들에게 말씀하셨다.

"우리 법은 청정하여 귀천이 없느니라. 그것은 마치 깨끗한 물이 온갖 더러운 것을 씻되 귀하거나 천하거나 곱거나 밉거나 남자거나 여자거나 물에 씻기면 깨끗하지 않은 것이 없는 것과 같다. 또 불이 가는 곳에는 산이나 들이나 석벽이나 천지에 있는 일체 만물로서 큰 것이나 작은 것이나 거기에 닿는 것은 타지 않는 것이 없는 것과 같느니라. 또 우리 법은 마치 허공과 같아서 남녀노소와 빈부귀천이 마음대로 그 안에 들어올 수 있느니라."

거지 아이들은 부처님 말씀을 듣고 모두 기뻐하면서 믿는 마음이 더욱 굳어져 정성을 기울여 부처님을 향하여 도에 들어가기를 원하였다.

"잘 왔구나, 비구들이여."

부처님이 이렇게 말씀하시자 그들의 머리털은 저절로 떨어지고 가사는 몸에 입히어 사문의 형상이 비로소 갖추어졌다.

부처님은 그들을 위해 설법하셨다. 그들은 마음이 열리고 뜻이 풀리고 온갖 번뇌가 없어져 아라한이 되었다.

그 때 그 나라의 여러 귀족과 장자와 백성들은 부처님께서 거지 아이들을 받아들였다는 말을 듣고 모두 교만한 마음이 생겨 수군거렸다.

'부처님은 어찌하여 그 하천한 거지들을 스님들 자리에 참여시켰을까. 우리가 혹 복업을 닦기 위해 부처님과 스님들을 청하여 공양할 때에 어떻게 저 하천한 무리들을 자리에 함께 앉게 해 우리

밥그릇을 쓰게 할까?'

그때에 제타 태자는 공양을 베풀고 부처님과 스님들을 청하게
되었다. 그는 사환을 보내어 부처님께 사뢰었다.

"원컨대 부처님께서는 비구들과 함께 내일 저희 공양을 받아주
소서."

그리고 이어 사뢰었다.

"그 거지 아이들을 제도하여 만든 비구는 청하지 않나이다. 부디
데리고 오시지 마소서."

부처님은 그 청을 받으셨다.

이튿날 공양 때가 되어 부처님과 스님들은 그 집으로 갈 때가 되
었다.

부처님은 거지 비구들에게 말씀하셨다.

"우리가 청을 받았으나 너희들은 그 차례에 들지 않았다. 너희들
은 지금 저 웃타라쿠로 가서 저절로 나서 익은 멥쌀을 가지고 그
집으로 돌아와 차례대로 앉아 그것을 먹으라."

거지 비구들은 부처님의 분부를 받고 아라한의 신통으로 그 세
계로 갔다. 거기서 제각기 그 멥쌀을 따서 바리에 가득 담아 돌아
올 때에 위의를 바로 하고 차례를 따랐다. 마치 기러기가 나는 것
처럼 허공을 타고 제타 태자의 집으로 와서 차례대로 앉아 그것을
먹었다.

그 때에 태자는 그 비구들의 의젓한 거동과 신통의 복덕을 보고
공경하는 마음으로 기뻐하면서 처음 보는 일이라 찬탄하고 부처님

께 사뢰었다.

"알 수 없나이다. 세존이시여, 이 거룩한 스님네들은 위의가 의젓하고 온갖 고귀한 상을 갖추었나이다. 어디서 어디로 왔사온지 참으로 공경할 만하나이다. 원컨대 세존께서는 저를 위하여 이 분들의 전후 내력을 말씀하여 주소서."

부처님은 말씀하셨다.

"그대가 알고 싶으면 잘 듣고 생각하라. 이 비구들은 바로 그대가 어제 청하지 않은 이들이다. 나와 제자들이 아까 태자의 청을 따라 오려고 할 때에 그대가 이 비구들은 청하지 않았기 때문에 이들은 웃타라쿠루로 가서 저절로 된 멥쌀을 가지고 와서 먹었느니라."

태자는 이 말을 듣고 몹시 부끄럽고 괴로워하면서 스스로 꾸짖었다.

"왜 나는 어리석어서 밝고 어두움을 분별하지 못하였던가. 부처님의 공덕은 참으로 헤아릴 수 없나이다. 이 거지아이들은 이 나라에서 가장 하천하였사온데 오늘 부처님의 청정한 교화를 받고 넓은 은혜를 입어 현세에서는 안락한 복을 받는 몸이 되었고 또 영원한 열반의 즐거움을 얻었나이다. 부처님께서 오늘 세상의 나오신 까닭은 다만 이 무리들을 위하심이요, 다른 데 있는 것이 아닌가 하나이다.

그러하옵고 세존이시여, 알 수 없나이다. 이 아이들은 지나간 세상에 어떤 선행을 닦고 어떤 공덕을 심었기에 지금 부처님을 만나 특별한 은혜를 입었사오며, 또 어떤 허물을 지었기로 나면서부터 거지로 살면서 그처럼 고생하였나이까. 부처님은 저를 사랑하고 가엾이 여겨 말씀하여 주시면 다행이겠나이다."

부처님은 말씀하셨다.

"먼 옛날 한량없고 헤아릴 수 없는 아승지겁 전에 이 잠부드비이파에 바라나시라는 큰 나라가 있었고 그 나라에 리사라는 산이 있었다. 옛날의 여러 부처님이 모두 그 산에 계셨고, 부처님이 없을 때에는 푸라데카부처가 있었으며 다시 푸라데카부처가 없을 때에는 다섯 가지 신통을 가지고 신선의 도를 배우는 무리들이 거기 살아 한 번도 빈 때가 없었느니라.

그 때 푸라데카부처 2천 명이 산에 살고 있었는데 나라에 화성火星이 나타났다. 이는 나쁜 재앙이 있을 징조였으니 별이 나타난 뒤로 12년 동안 나라에 가뭄이 들고 비가 내리지 않아 곡식을 심을 수가 없어서 나라가 망하게 되었다.

이 때 나라에는 산단녕이라는 한 장자가 있었다. 그 집은 큰 부자로서 재물과 곡식이 한량없었다. 그래서 그는 항상 공양을 베풀어 여러 도사를 보필하였다.

그 때 1천 도사들은 그 장자 집으로 가서 공양을 청하면서 이렇게 말하였다.

'우리는 저 산에 살고 있습니다. 마침 나라에 가뭄이 들어 걸식하였으나 공양 얻기가 어렵습니다. 만일 장자가 늘 공양하겠다면 우리는 여기서 살겠으나 그렇게 할 수 없다면 다른 곳으로 가겠습

니다.'

그 때 장자는 곧 광지기에게 물었다.

'지금 우리 창고에 있는 곡식으로 이 도사들을 늘 공양할 수 있겠느냐. 있다면 나는 청하리라.'

광지기는 말했다.

'곧 청하십시오. 창고에 있는 곡식은 공양하기에 풍족합니다.'

장자는 곧 1천 도사를 청하여 음식으로 공양하였다. 남은 1천 도사도 그 장자 집에 가서 공양을 구하였다.

장자는 또 광지기에게 물었다.

'내가 맡은 창고 곡식은 얼마나 되느냐. 또 천 사람을 공양하려 하는데 될 수 있겠느냐.'

광지기는 대답하였다.

'내가 맡은 곡식으로 충분하리라고 생각합니다. 공양하고 싶으시면 곧 청하십시오.'

장자는 도사를 청하고 5백 명 하인을 시켜 음식을 만들라고 하였다. 그런데 하인들은 여러 해 동안 음식 일을 맡아 보매 싫증이 나서 '우리가 이처럼 고생하는 것은 모두 저 도사들 때문이라.'고 생각하였다.

그 때 장자는 공양 때가 되면 늘 사람을 시켜 공양시간을 도사들에게 알렸다. 그 하인은 개를 한 마리 길렀는데 날마다 그가 갈 때에는 개도 따라갔다.

어느 날 하인이 도사들에게 가서 공양 때를 알렸는데 개도 혼자

늘 가던 곳으로 가서 여러 도사들을 향해 큰 소리로 짖었다. 도사들은 개 짖는 소리를 듣고는 청하러 온 줄을 알고 그 집으로 가서 법다이 공양을 받았다.

도사들은 공양을 마치고 장자에게 일렀다.

'머지않아 비가 올 것이니 곡식을 심도록 하시오.'

장자는 그 말을 듣고 일꾼들을 시켜 부지런히 밭을 갈고 심었다. 보리와 밀 따위의 온갖 곡식을 심었는데 몇 시간이 지나 심은 곡식은 모두 표주박으로 변했다.

장자는 그것을 보고 괴상히 여겨 도사들에게 물었다.

도사들은 대답하였다.

'그것은 걱정하지 마시오. 그저 부지런히 공을 들이고 때때로 물을 대시오.'

장자는 말대로 부지런히 물을 대었다. 그 뒤 표주박들은 잘 자라 모두 속이 알차게 익었다. 장자가 박을 쪼개니 심었던 곡식을 따라 깨끗하고 좋은 보리와 밀이 그 속에 가득 차 있었다.

장자는 기뻐하여 곡식을 온 집안에 쌓았는데 양이 차고 넘쳤으며 다시 친척들에게 나누어 주었다. 그리하여 온 나라가 모두 그 은혜를 입었다.

그 때에 음식을 만들던 하인 5백 사람은 서로 이야기하였다.

'지금 얻은 이 곡식 갚음은 모두 저 도사들의 은혜다. 그런데 우리는 왜 그들에게 나쁜 말을 하였던가.'

그들은 그 길로 도사들에게 가서 참회하고 용서를 청하였다.

그들은 참회를 마치고 다시 서원을 세웠다.

'원컨대 우리들로 하여금 오는 세상에 성현을 만나 해탈을 얻게 하소서.'

그들은 도사를 욕한 과보로 5백 세상 동안 언제나 거지가 되었고 그것을 참회하고 다시 서원을 세웠기 때문에 지금 내 세상을 만나 제도를 받게 되었느니라.

태자여, 알아야 한다. 그 때의 큰 부자 산단녕은 다른 사람이 아니라 바로 이 내 몸이요, 그 광지기는 바로 지금의 저 수달 장자이며 날마다 가서 때를 알린 사람은 바로 지금의 우다야나왕이요, 그 때에 공양시간을 알린 개는 나는 세상마다 좋은 음성을 얻었으니 바로 지금의 저 미음美音 장자며, 그 때에 음식을 만들던 5백 사람은 바로 지금의 이 5백 아라한이니라."

제타 태자와 모인 대중들은 부처님 공덕에 감격하였다. 그래서 부지런히 정진하여 깨달음을 얻은 이도 있고 오로지 도사 행을 닦는 이도 있었으며 마음을 내어 불도를 구하는 이도 있었다. 그리하여 제각기 정진하여 본 마음을 구하였다. 그리고 모두 기뻐하면서 받들어 행하였다.

스스로 마음을 다스려 편안하게 하라

인과를 철저히 믿고 모든 생각을 쉬어라

인연에 맡기되 현실에서 게으르지 말라

항상 진실하게 살아가는 것이 수행의 첫걸음이다

제4장

행복한
수행의 길로
접어들다

계율을 받들어 지키려고
목숨을 버린 사미

어느 때 거사 우파사카가 성 안에 살고 있었다. 그에게 친한 거사가 있었는데 각자 처자와 온 집안 종들까지 친하여 그 이튿날 모이게 되어 있었다.

우파사카는 이른 아침에 생각하였다.

'지금 우리가 모두 그 모임에 가고 나면 누가 이 집을 지킬 것인가. 내가 주인이라고 해서 억지로 한 사람을 붙들어 둔다면 나는 그를 배반하는 것이다. 혹 누가 제 스스로 마음을 내어 집에 머무르면 나는 모임에서 돌아와 따로 보수를 주겠노라.'

이 때 우파사카의 딸이 아버지에게 아뢰었다.

"원컨대 부모님께서는 여러 하인들을 데리고 가서 그 청을 받으소서. 제가 남아 집을 지키겠습니다."

아버지는 기뻐하였다.

"참으로 착하고 착하다. 그럼 너는 집을 지켜라. 나와 네 어머니는 우리 집의 손해와 이익에 대해서 의심하거나 걱정하지 않을 것이다."

온 집안 사람이 모두 거사의 친구 집으로 가고 딸은 문을 닫고 혼자 집에 있었다.

그런데 우파사카는 그 날 바쁜 중에 그만 비구에게 공양 보낼 것을 잊고 있었다. 비구는 공양이 오지 않자 가만히 생각했다.

'해가 저물어 오는데 공양이 오지 않는구나. 우파사카가 바빠 그만 잊어버린 모양이니 나는 이제 사람을 보내어 밥을 가져 오게 하리라.'

비구가 곧 사미에게 말하였다.

"이제 네가 가서 밥을 가져 오너라. 그런데 부처님께서 늘 말씀하시는 것처럼 마을에 들어가 걸식할 때는 위의를 잘 단속하여 탐하고 집착하는 마음을 내지 말라. 마치 꿀벌이 꽃에 앉을 때에 그 맛만 취하고 빛깔과 향기는 다치지 않는 것처럼 이제 너도 그렇게 하되 집에 이르러 밥을 얻을 때에는 감관의 문을 잘 단속하여 빛깔·소리·냄새·맛·닿임을 탐하지 말라. 만일 계율을 가지면 반드시 도를 얻을 것이다.

저 데바닷타 같은 이는 경을 많이 외웠다지만 악을 행하여 계율을 부수었기 때문에 아비지옥에 떨어졌고 코카알리카 같은 이는 부처님 제자를 비방하여 계율을 부수었기 때문에 지옥에 떨어졌으며, 추다판타카는 게송 하나밖에 외우지 못하였으나 계율을 가졌기 때문에 아라한이 되었느니라.

이처럼 계율은 열반으로 들어가는 문이 되고 즐거움을 받는 종자가 된다. 비유하면 바라문 법에서 석 달이나 넉 달 동안의 긴 재齋를 베풀어서 이름이 높고 지혜 있으며 계율을 가지고 범행을 닦는 여러 바라문을 청하되 두루 청하지 않고 가려서 청하였기 때문에 어떤 이는 청하는 사람의 부름을 받지 못하고 청하는 사람을 원망하였다.

또 어떤 바라문은 경전에는 밝았으나 그 성질이 청렴하지 못하여 벌꿀의 단 맛을 탐하였기 때문에 봉인의 꿀을 핥다가 봉인이 다 없어졌었다. 이튿날 모임에 봉인을 갖고 들어갈 때에 그 바라문은 봉인이 없으면서 들어가려 하였다. 일을 맡은 이는 그에게 '너는 봉인을 가졌는가.' 하고 물었다. 그는 대답하기를 '나는 가졌지만 그것이 달기 때문에 핥다가 다 없어졌다.'고 하였다. 일 맡은 이는 '너는 지금 그와 같이 이미 만족하였다. 그러므로 지금 들어가지 못한다. 조그만 단 맛을 탐하여 넉 달 동안의 그 달고 향기로운 맛난 음식과 또 갖가지 보배보시를 잃어버렸다.'고 말하였다.

너도 지금 그와 같이 조그만 일을 탐하여 깨끗한 계율의 인印을 부숨으로써 인간과 천상의 다섯 가지 맛난 즐거움과 번뇌를 없애는 서른일곱 가지 도품道品과 한량없이 안락한 열반법의 보배를 잃지 말라. 너는 삼세 부처님의 계율을 헐거나 삼보를 더럽히지 말라."

사미는 분부를 받아들고 스승 발에 예배하고 떠났다.

그는 우파사카의 집에 이르러 문을 두드리면서 소리쳤다.

집에 남아 있던 처녀가 물었다.

"누구십니까?"

사미는 대답하였다.

"사미가 스승님을 위해 공양을 가지러 왔습니다."

처녀는 못내 기뻐하여 '내 소원이 이루어졌군' 하고 문을 열어 주었다.

처녀는 얼굴이 단정하고 뛰어나게 아름다우며 나이는 막 열 여섯, 음욕이 불꽃처럼 타 올랐다. 처녀는 사미 앞에서 어깨를 흔들고 그림자를 돌아보기도 하며 갖은 아양을 떨면서 몹시 음란한 몸짓을 하는 것이었다.

사미는 그것을 보고 생각하였다.

'이 여자는 풍병이나 미친병이나 또는 간질병이 있는가. 혹은 아무 번뇌가 없는 깨끗한 내 행을 헐려고 하는 것이 아닌가.'

그래서 위의를 더욱 굳게 단속하고 얼굴빛도 변하지 않았다.

처녀는 땅에 엎드려 사미에게 하소연하였다.

"내가 늘 원하던 것이 이제 때가 왔습니다. 나는 항상 사미님께 할 이야기가 있었으나 조용한 틈을 타지 못했던 것입니다. 아마 사미님도 내게 늘 마음이 있었을 것입니다. 사미님은 내 소원을 풀어 주어야 합니다. 우리 집에는 많은 보배와 금·은의 창고가 있어 저 바이에라마나 천궁의 보배창고 같지만 주인이 없습니다. 사미님이 뜻을 굽히시기만 한다면 곧 이 집 주인이 될 것이요, 나는 사미님의 아내가 되어서 시키는 일은 아무 것도 어기지 않을 것이니 우리 소원은 다 이루어질 것입니다."

사미는 가만히 생각하였다.

'나는 무슨 죄가 있어 이런 나쁜 인연을 만났는가. 나는 지금 차라리 이 신명을 버릴지언정 삼세 모든 부처님의 정하신 계율은 헐지 않으리라.

옛날의 어린 비구는 음녀 집에 이르러 차라리 불구덩이에 몸을 던질지언정 음행은 범하지 않았고, 또 어떤 비구는 도적을 만나 풀에 묶이었을 때 바람에 불리고 햇볕에 쬐이며 온갖 벌레에 물리었지만 계율을 지키기 위해 풀을 끊고 떠나지 않았다. 혹은 거위가 구슬을 먹었을 때에 어떤 비구는 그것을 보았지만 그는 계율을 지키기 위해 지루한 고통을 당하면서도 말하지 않았다. 또 바다에서 배가 부서졌을 때 아랫자리 비구는 계율을 지키기 위해 널빤지를 윗자리 비구에게 주고 자기는 바다에 빠져 죽었다. 이런 사람들은 부처님 제자로서 계율을 잘 지켰거늘 나는 부처님 제자가 아닌가. 왜 지키지 못하겠는가. 부처님은 그들만의 스승님이요, 내 스승님은 아닌가.

마치 첨복 꽃을 깨에 섞어 기름을 짜면 첨복 꽃 향내가 나지만 악취가 나는 꽃을 섞으면 기름도 따라 악취가 나는 것처럼 나는 지금 좋은 스승님을 만났는데 어떻게 나쁜 일을 저지르겠는가. 차라리 신명을 버릴지언정 마침내 계율을 부숨으로써 불·법·승을 더럽히지 않으리라.'

그는 또 생각했다.

'만일 내가 도망쳐 달아나면 저 여자는 왕성한 음욕 때문에 부끄럼도 모르고 밖으로 달려 나와 나를 붙들고 모함해 비방할 것이고 거리 사람들은 내가 더러운 욕을 벗어나지 못했다 할 것이다. 나는 지금 여기서 목숨을 버리고 말리라.'

사미는 처녀에게 방편으로 말하였다.

"지계 문을 굳게 닫으시오. 내가 어느 방에 들어가 할 일을 준비할 것이니 당신은 그 때에 들어오시오."

그 여자는 곧 지계 문을 닫았다.

사미는 방에 들어가 문을 걸어 잠그고 마침 머리 깎는 칼을 발견했다. 그는 몹시 기뻐하면서 법복을 벗어 시렁 위에 걸고 합장하고 꿇어앉아 쿠시나가라성의 부처님 열반하신 곳을 향하여 스스로 서원을 세웠다.

'나는 지금 불·법·승을 버리지 않고 화상·아사리를 버리지 않고 또 계율을 버리지 않사오며 바로 계율을 가지기 위하여 이 신명을 버리나이다. 원컨대 태어나는 곳에서 집을 떠나 도를 배우고 범행을 깨끗이 닦아 번뇌를 없애고 도를 이루어지이다.'

서원을 세운 사미가 곧 목을 찔러 죽으매 피가 쏟아져 온 몸을 적시었다.

처녀는 사미가 더딘 것을 이상히 여겨 지계 문 가까이 가 보았으나 문은 열리지 않았다. 불러보았으나 대답이 없어 지계 문을 박차 열었는데 사미는 이미 죽어 본래의 안색이 없었다.

처녀는 음심이 이내 그치고 부끄럽고 고민하면서 제 손으로 머리를 잡아 뽑고 손톱으로 얼굴을 찢으며 진흙 땅에 뒹굴면서 눈물을 흘리고 슬피 부르짖다가 그만 정신을 잃고 까무라쳐 버렸다.

저녁에 아버지가 돌아와 문을 두드리면서 딸을 불렀다. 그러나 딸은 잠자코 대답하지 않았다. 아버지는 이상하게 여겨 사람을 시켜 대문을 넘고 들어가 문을 열고 살피다가 딸의 그런 꼴을 보고는 흔들어 깨웠다.

"너는 왜 그렇게 되었느냐. 어떤 사람이 들어와 너를 능욕하였느냐?"

딸은 잠자코 대답하지 않고 가만히 생각하였다.

'지금 내가 사실대로 대답하기는 너무 창피하다. 그렇다고 사미가 나를 능욕하였다고 말한다면 그것은 선량한 사람을 모함하는 것이니 장차 지옥에 떨어져 끝없는 죄를 받을 것이다. 속이지 말고 사실대로 대답하자.'

처녀는 드디어 입을 열었다.

"제가 혼자 집을 지키고 있을 때 사미가 와서 그 스승의 공양을 청했습니다. 저는 정욕이 발동하여 사미를 졸라 마음을 따라 주기를 바랐습니다. 그러나 그는 계율을 지키는 마음이 변하지 않고 방편으로 방에 들어가 스스로 제 목숨을 버렸습니다. 저는 이 더러운 몸으로 그 깨끗한 그릇을 부수려 하였습니다. 그 죄가 이러하기 때문에 저는 괴로워하는 것입니다."

아버지는 딸의 말을 듣고 놀라거나 두려워하지 않았다. 왜 그런가 하면 번뇌의 법은 으레 그런 줄을 알기 때문이었다.

그는 곧 딸에게 말하였다.

"모든 법은 다 덧없는 것이니 너는 걱정하거나 두려워하지 말라."

그는 곧 방에 들어가 보았다. 사미의 몸은 피에 붉게 물들어 마치 찬다나로 만든 책상과 같았다. 그는 앞으로 나아가 예배하고 찬탄하였다.

"장하여라. 부처님 계율을 보호해 가지기 위하여 능히 목숨까지 버릴 수 있었구나."

때에 그 나라 법에는 사문이 속한 집에서 죽으면 그 집에서 금 1천 냥을 나라에 들여 놓게 되어 있었다. 그래서 우파사카는 돈 1천 냥을 구리소반에 담아 싣고 왕궁으로 들어가 아뢰었다.

"신이 죄를 범한 벌금을 대왕께 바치나이다. 원컨대 받아주소서."

왕은 물었다.

"우리나라에서 삼보를 믿어 공경하고 충성하고 정직하여 도를 지키며 말과 행실이 어긋남이 없기는 오직 그대 한 사람 뿐이거늘 지금 어떤 허물이 있기에 벌금을 싣고 왔는가."

우파사카는 위의 사실을 자세히 아뢰어 자기 딸을 나무라고 사미의 계를 지킨 공덕을 찬탄하였다.

왕은 그 사정을 듣고 마음으로 놀라고 송구스러워하면서 불법을 믿는 마음이 더욱 독실해졌다.

"사미가 계율을 지켜 스스로 목숨을 버린 것이요, 그대에게 허물이 없거늘 어떻게 벌이 있겠는가. 이것을 가지고 집으로 돌아가라. 나도 지금 몸소 그대 집에 가서 그 사미에게 공양하리라."

곧 금북을 울려 나라에 영을 내려 앞뒤로 백성들의 호위를 받으면서 그 집으로 갔다. 왕은 몸소 안에 들어가 사미의 몸이 붉은 찬다나 같은 것을 보고 앞으로 나아가 예배하고 그 공덕을 찬탄하였다. 갖가지 보배로 장엄한 높은 수레에 사미 시체를 신고 평탄한 곳으로 가서 온갖 향나무를 쌓아 화장하고 공양하였다.

또 그 처녀를 갖가지로 장식하여 절세미인으로 꾸민 다음 높은 곳에 세우고 거기 모인 모든 사람들을 다 보게 하고는 대중에게 말하였다.

"이 여자는 뛰어나게 아름다워 얼굴은 저처럼 빛난다. 탐욕을 아직 여의지 못한 이로서 그 누가 탐내지 않겠는가. 그런데 저 사미는 아직 도를 얻지 못하여 나고 죽는 몸이지만 계율을 받들어 목숨을 버렸으니 참으로 놀랍고 드문 일이다."

왕은 다시 사람을 보내어 그 스승 비구를 청해 널리 대중을 위하여 미묘한 법을 연설하게 하였다. 거기 모인 대중으로서 이 일을 보고 들은 이는 집을 떠나 깨끗한 계율을 가지려고 하는 사람도 있었고 위없는 보리심을 내는 이도 있었다. 그리하여 모두 기뻐하면서 받들어 행하였다.

베풀고 계를 지켜 행복한 수행의 길로 접어들다

기구한 운명을 딛고
복을 지어 수행의 길로 들어선
미묘비구니

·····🪷·····

어느 때 부처님은 사위국 기수급고독원에 계셨다.

프라세나지트왕이 죽은 뒤에 태자 유리가 왕이 되어 나라를 다스렸다. 그는 성품이 포악하고 자비심이 없어 술에 취한 코끼리를 내몰아 헤아릴 수 없이 사람들을 짓밟아 죽였다.

때에 오백 명의 귀족 부인들은 그것을 보고 마음이 초조하고 불안하여 세속을 버리고 집을 떠나 비구니가 되었다. 부인들은 모두 석가 종족이나 왕족으로서 귀하고 단정하기 나라에서 제일이면서 온갖 탐욕을 버리고 집을 떠나 도를 닦았으니 그 나라 사람들은 모두 칭송하면서 다투어 공양하였다.

비구니들은 저희들끼리 말하였다.

"우리들은 지금 이름만은 집을 떠났다고 하지만 아직 음욕과 성냄과 어리석음을 없애지 못하였다. 이제 저 투라난타 비구니에게 나아가 경법을 들으면 깨달을 바가 있을 것이다."

비구니들은 그에게 나아가 예배하고 문안한 뒤에 제각기 하소하였다.

"우리는 비록 도를 닦는다고 하지만 아직 감로법을 얻지 못하였습니다. 원컨대 깨우쳐 주십시오."

투라난타는 가만히 생각하였다.

'내가 지금 저들에게 저들이 받은 계율을 되돌리게 하고 나도 법복과 바리를 버리면 시원하지 않겠는가.'

그래서 그들에게 말하였다.

"너희들은 다 존귀한 큰 성의 부인으로서 농사와 일곱 가지 보배와 코끼리·말·노비들이 모자랄 것이 없다. 그런데 무엇 때문에 그것들을 버리고 부처님의 계율을 받고 비구니가 되어 그처럼 고생하는가. 차라리 집으로 돌아가 부부와 자녀끼리 서로 즐기고 마음대로 보시하면서 한 세상을 영화롭게 지내는 것이 좋지 않겠는가."

비구니들은 이 말을 듣고 모두 실망하여 눈물을 흘리면서 그를 떠났다.

그들은 다시 미묘微妙 비구니에게로 가서 예배하고 법다이 문안한 뒤에 제각기 아뢰었다.

"우리는 집에 있으면서 세속 일을 익혀온 지 오래인지라 이제 비록 집을 떠났으나 아직 마음은 들뜨고 정욕은 불꽃같아 스스로 벗어날 수 없습니다. 원컨대 가엾이 여기고 우리를 위해 설법하여 이 죄의 뚜껑을 열어 주소서."

미묘비구니는 물었다.

"너희들은 삼세의 일에 있어서 어떤 것을 묻고자 하는가."

"과거와 미래는 그만두고 현재만 말씀하여 이 의혹을 풀어 주소서."

"대개 음욕이란 마치 엄청난 불길이 산과 들을 태우는 것과 같아서 그것은 자꾸 번지고 불어나가 갈수록 많은 사람을 해치는 것이다. 사람들은 음욕에 빠져 서로 해치다가 세월이 흐른 뒤에는 마침내 세 가지 나쁜 길에 떨어져 거기서 빠져 나올 기약이 없다.

대개 집을 즐긴다는 것은 서로 모이고 합하는 것을 탐내는 것이니 은혜와 사랑, 영화와 즐거움의 인연으로 나고 늙고 병들고 죽고 이별하며 관청의 벌을 받아 서로 울고 사모하여 오장五腸이 찢어지고 까무라쳤다가는 다시 깨어나기도 한다. 그래서 집을 생각하는 정은 깊고 굳어 우리 마음을 얽매기가 감옥보다 더한 것이다."

미묘비구니가 자신이 굽이굽이 살아온 이력을 들려주었다.

"나는 본래 어떤 거사의 집에 태어났다. 우리 아버지는 존귀하기 나라에서 제일이었다. 그 때에 어느 가문에서 내가 아름답다는 말을 듣고 중매를 보내어 아내로 삼아 한 가정을 이루었다. 나는 그 뒤에 아들을 낳았고 시댁 부모는 잇달아 죽었다.

나는 다시 아이를 배어 남편에게 말하였다.

'나는 지금 아기를 배었습니다. 몸에 더러운 것이 많고 또 달이 차면 혹 위험한 일이 있을지도 모릅니다. 그러므로 친정에 돌아가

봐야 하겠습니다.'

남편과 함께 친정으로 가는 도중에 몸이 자꾸 아파 나무 밑에서 쉬었다. 때에 남편은 따로 누워 있었다.

나는 그날 밤에 아기를 낳고 부정한 것이 많이 흘러 나왔다. 독사가 그 냄새를 맡고 오다가 남편을 물어 죽였다. 나는 그 밤에 몇 번이나 남편을 불렀으나 소리가 없었다. 새벽이 되어 겨우 일어나 남편에게로 가서 손을 잡았다가 그가 독사에게 물려 몸은 부어서 터질 듯하고 사지는 허물어진 것을 비로소 알았다. 나는 그것을 보고 까무라쳤다.

큰 아이는 아버지가 죽은 것을 보고 소리를 내어 울부짖었다. 나는 아이 우는 소리를 듣고 기절한 상태에서 깨어나 큰 아이는 등에 업고 갓난아이는 안고 울면서 길을 떠났다.

길은 멀고 험한데 사람은 자취도 없었다. 도중에 큰 강이 있었는데 깊고 또 넓었다. 큰 아이는 강가에 두고 먼저 갓난아이를 업고 강을 건너 저쪽 언덕에 두었다. 그리고 큰 아이를 데리러 올 때에 아이는 멀리서 나를 보고 물로 달려 들어오다가 그만 물에 떠내려갔다. 나는 쫓아갔으나 구원하지 못하고 아이는 떴다 잠겼다 하면서 아주 사라지고 말았다.

견딜 수 없는 슬픔을 무릅쓰고 도로 돌아서 갓난 아이에게로 갔다. 그러나 갓난 아이는 그 사이 늑대가 먹어 버리고 피만 땅에 질펀하였다. 또 까무라쳤다가 한참만에야 깨어났다.

나는 또 길을 떠났다. 길에서 어떤 범지를 만났는데 그는 아버지

친구였다.

그는 곧 내게 물었다.

'너는 어디서 오기에 그처럼 피로해 보이느냐?'

나는 그 동안에 겪어 온 괴롭고 쓴 사정을 자세히 이야기하였다. 그러자 그는 나의 괴롭고 외로운 사정을 가엾이 여겨 마주 보고 울었다.

나는 그에게 물었다.

'우리 부모와 친척들은 모두 평안하십니까?'

그가 말했다.

'너의 집에 불이 나서 부모와 자녀들이 한꺼번에 다 타 죽었다.'

나는 그 말을 듣고 또 까무라쳤다가 한참만에야 깨어났다. 그는 나를 가엾이 여겨 자기 집으로 데리고 가서 여러 가지를 대어 주어 모자람이 없게 하면서 자식처럼 돌보아 주었다.

그 때에 어떤 다른 거사가 내 얼굴이 아름다운 것을 보고 내게 아내 되기를 청하였다. 나는 허락하고 그에게 가서 가정을 이루었다. 나는 또 아이를 배어 해산할 때가 가까웠다. 그 때에 남편은 밖에 나가 다른 집에서 술을 마시다가 날이 저물어서야 돌아왔다.

나는 아기를 낳으려고 혼자서 문을 잠그고 방에 있었다. 아기를 낳는 중에 남편은 문을 두드리면서 소리쳐 불렀다. 그러나 아무도 나가서 문을 열어주는 사람이 없었다.

그는 화가 잔뜩 나서 문을 부수고 들어와 나를 매질하였다. 나는 사정을 말하였으나 그는 더욱 성을 내어 아기를 죽여 타락 웃물에 볶아 나를 먹으라고 재촉하였다. 나는 하도 기가 막혀 차마 그것을 먹을 수가 없었다. 그는 다시 매질하였다. 나는 그것을 먹고 나자 가슴이 쓰리고 맺히었다. '내가 하도 박복하여 이런 사람을 만났다'고 한탄하며 그를 버리고 도망해 가버렸다.

나는 그 길로 바라나시로 가서 성 밖의 어느 나무 밑에 앉아 쉬고 있었다.

때에 그 나라의 어떤 장자의 아들이 처음 아내를 잃고 성 밖 동산에 묻고는 그를 잊지 못하고 날마다 성을 나가 무덤 위에서 울었다. 그는 나를 보자 곧 물었다.

'너는 어떤 사람이기에 혼자 길가에 앉아 있는가?'

나는 사실대로 대답하였다.

그러자 그는 다시 내게 말했다.

'나는 지금 너와 함께 저 동산에 들어가 놀고 싶은데 좋겠는가.'

나는 곧 좋다 하고 갔다가 드디어 부부가 되었다.

며칠이 지나 그는 병을 얻어 갑자기 죽었다. 그 때 그 나라 법에는 살았을 때에 서로 사랑하였으면 장사하는 날에 무덤 속에 같이 묻게 되어 있었다. 그래서 나도 묻히었으나 목숨은 아직 끊어지지 않았다. 때에 도적 떼가 와서 그 무덤을 파다가 내 얼굴이 단정한 것을 보고 곧 나를 아내로 삼았다. 수십 일 뒤에 그는 또 나가 도둑질하다가 주인에게 잡히어 목을 베이었다. 그 부하들이 시체를 가지고 돌아와 장사할 때에 그 국법에 따라 나도 같이 묻히었다.

무덤 속에서 사흘이 지났다. 늑대와 여우와 개들이 와서 송장을 먹으려고 무덤을 팔 때에 나는 살아나오게 되었다.

나는 내 자신을 한탄하면서 나무랐다.

'전생에 무슨 죄를 지었기에 열흘 동안에 이런 고통을 받으면서 죽었다가 다시 살아나는가. 나는 일찍이 어떤 석가족의 아들이 집을 떠나 도를 배우고 부처가 되어 과거와 미래를 모두 안다고 들었다. 차라리 거기 가서 몸과 마음으로 귀의하자.'

나는 곧 제타숲으로 달려가서 나무에 꽃이 활짝 핀 듯 별 속의 달과 같은 부처님의 모습을 멀리서 뵈었다.

그 때에 부처님은 흐림이 없는 세 가지 밝음으로 나를 제도할 수 있음을 살피시고 곧 오셔서 나를 맞이하셨다.

나는 그 때에 알몸이라 아무 것도 가릴 것이 없어 곧 땅에 주저앉아 손으로 가슴을 가리었다. 부처님은 아난다에게 명하였다.

'너는 옷을 가져다 저 여자에게 입히도록 하라.'

나는 옷을 입고 머리를 조아려 부처님 발아래 예배한 뒤에 그 동안에 겪은 죄 많은 사정을 자세히 말씀드렸다.

'원컨대 저를 가엾이 여겨 도 닦기를 허락하소서.'

부처님은 아난다에게 말씀하셨다.

'저 여자를 데려다 고타미 비구니에게 맡기고 계법을 주게 하라.'

고타미는 곧 내게 계법을 주어 나는 비구니가 되었다, 그리고 그는 네 가지 진리의 요지와 인생은 괴롭다는 것, 모든 것은 공하고 무상하다는 것을 말씀하셨다. 나는 그 법을 듣고 부지런히 공부하여 아라한이 되어 과거와 미래를 모두 알게 되었다. 내가 현세에서 받은 고통은 이루 다 말할 수 없는 것이었지만 그것은 모두 전생에 지은 업의 갚음으로서 털끝만큼도 어긋나지 않는 것이었다."

때에 비구니들은 다시 아뢰었다.

"전생에 어떤 죄를 지었기에 그런 재앙을 받습니까. 설명하여 주십시오."

미묘비구니는 대답하였다.

"너희들은 고요히 들으라. 지나간 세상에 어떤 장자가 있었다. 그는 재물은 많았지만 아들이 없어 작은 부인을 얻었다. 비록 천한 집 딸이었으나 얼굴이 아름다워 짝할 이가 드물었으므로 장자는 몹시 사랑하였다. 아이를 배고 열 달이 차서 사내를 낳았다. 부부는 애중히 여겨 아무리 보아도 성에 차지 않았다.

큰 부인이 생각하였다.

'나는 비록 귀족 집 딸이지만 현재에 대를 이을 자식이 없다. 이제 저 아이가 성장하면 이 집을 맡아 재산을 모두 가질 것이다. 나는 아무리 재산을 쌓아 두더라도 마음대로 쓸 수 없을 것이다.'

질투심이 치솟은 큰 부인은 아이를 일찍 죽여버리는 것만 못하다고 마음으로 결정하고 바늘을 아이 정수리에 보이지 않게 꽂았다.

아이는 자꾸 말라 가다가 열흘 쯤 후에 드디어 죽고 말았다. 작은 부인은 너무 애통하여 기절하였다가 다시 깨어났는데 '이것은 반드시 큰 부인이 시새워 내 아들을 죽였으리라'고 단정하고 큰 부인에게 물었다.

'당신이 무정하게도 내 아들을 시기하여 죽인 것이다.'

큰 부인은 맹세하였다.

'만일 내가 네 아들을 죽였으면 세상마다 내 남편은 독사에 물려 죽고, 거기서 태어나는 자식은 물에 빠져 죽거나 늑대가 잡아먹을 것이요, 나는 산채로 묻히거나 제 자식을 잡아먹을 것이요, 내 부모와 형제는 불에 타 죽을 것이다. 왜 나를 원망하느냐.'

그 때에 큰 부인은 죄와 복의 갚음이 없다고 생각하고 작은 부인 앞에서 이와 같이 맹세하였지만 지금 다 그것을 받되 결코 대신할 사람이 없는 것이다. 알고 싶은가. 그 때의 그 큰 부인은 바로 이 내 몸이니라."

비구니들은 다시 아뢰었다.

"그러면 또 어떤 복을 지었기에 부처님이 오셔서 맞이하셨고 도의 집에 들어가 생사를 면하게 되었습니까."

미묘비구니는 대답하였다.

"옛날 바라나시국에 큰 산이 있어 이름을 선산이라 하였다. 그 산에는 언제나 프라데카부처와 성문들과 외도들의 신선들이 꽉 차게 살고 있었다.

그 때에 어떤 연각緣覺이 성에 들어가 걸식하였다. 어떤 장사 부인은 그를 보고 기뻐하여 공양을 올렸다. 연각은 그것을 먹고 허공에 날아올라 몸에서 물과 불을 내며 허공에서 앉기도 하고 눕기도 하였다. 부인은 그것을 보고 '나도 뒷세상에 도를 얻어 저렇게 되어

지이다.'고 서원을 세웠다.

그 때의 그 부인은 바로 이 내 몸이다. 그 때문에 나는 부처님을 뵈옵고 마음이 열려 아라한의 도를 이루었다. 지금 나는 아라한이 되었지만 항상 뜨거운 바늘이 정수리로 들어가 발바닥으로 나오는 듯 밤낮으로 그런 고통을 받아 쉴 때가 없다. 재앙과 복은 이와 같이 썩어 없어지는 것이 아니니라."

그 때에 오백 귀족 비구니들은 이 설법을 듣고 마음이 송구스러웠다. 그리하여 탐욕의 근본은 타는 불꽃과 같다고 관觀하여 탐욕이 다시는 생기지 않았다. 또 집에 있는 고통은 감옥보다 더하다고 생각되어 모든 번뇌가 사라지고 한꺼번에 선정에 들어 아라한의 도를 얻는 이도 있었다.

비구니들은 모두 한 마음으로 미묘비구니에게 아뢰었다.

"우리들은 음욕에 얽매이고 쌓여 스스로 헤어나지 못하다가 지금 자비로운 은혜를 입어 생사를 건너게 되었습니다."

때에 부처님이 찬탄하셨다.

"장하다, 미묘여. 대개 도를 닦는 사람은 법으로 서로 가르치고 경계하여야 부처의 제자라 할 수 있느니라."

대중들은 이 설법을 듣고 모두 기뻐하면서 머리를 조아리고 받들어 행하였다.

베풀고 계를 지켜 행복한 수행의 길로 접어들다

거친 코끼리를 조복시켜
도의 마음을 일으킨
대광명왕

그 때에 부처님은 사위국 기수급고독원에 계시면서 여러 왕과 백성들에게 앞뒤로 둘러쌓여 공양과 공경을 받으셨다.

대중 가운데에는 부처님을 의심하는 사람도 있었다.

'부처님께서는 본래 어떤 인연으로 처음으로 위없는 보리심을 내고 스스로 부처가 되어 많은 이익을 주셨는가. 그것을 알면 우리도 마음을 내어 도를 이루어 중생들을 이롭고 편안하게 하자.'

존자 아난다는 대중들의 생각을 알고 곧 자리에서 일어나 옷을 바르게 하고 부처님 앞에 나아가 사뢰었다.

"지금 이 대중들은 의심을 갖고 있나이다. 부처님께서는 옛날에 어떤 인연으로 큰 도의 마음을 내게 되었는가를 궁금히 여깁니다. 원컨대 그것을 말씀하시어 일체 중생들을 두루 이롭게 하소서."

부처님은 말씀하셨다.

"착하고 착하다. 너의 물음은 많은 사람을 이롭게 할 것이다. 자세히 듣고 잘 명심하라. 너희를 위해 설명하리라."

때에 거기 모인 대중들은 고요히 소리가 없었고, 바람과 강물과 온갖 새와 달리던 짐승들도 모두 고요하여 소리가 없었다. 그리하여 대중들과 하늘·용·귀신들은 즐겨 들으려고 일심으로 부처님을 바라보고 있었다.

부처님은 말씀하셨다.

"오랜 옛날 한량없고 끝없는 아승지겁 전에 이 잠부드비이파에 대광명大光明이라는 큰 왕이 있었다. 그는 복덕이 크고 총명하고 용맹스러우며 왕의 상을 완전히 갖추었다.

때에 나라 변두리에 어떤 국왕이 있었는데 대광명왕은 그 왕과 친하였기 때문에 그 나라에 모자라는 것이 있으면 언제나 물건을 보내 주었고 그 나라에서도 진귀한 것이 있으면 대광명왕에게 가져다 바쳤다.

어느 날 그 나라 왕은 큰 산에 사냥하러 갔다가 코끼리 새끼 두 마리를 얻었다. 그것은 단정하고 아름다우며 희기는 수정산과 같고 일곱 다리로 땅을 디디고 서서 매우 사랑스러웠다. 그는 매우 기뻐하면서 이것을 광명왕에게 바치리라고 마음 먹었다.

그는 코끼리를 금은의 여러 가지 보배로 장식하여 사람을 시켜 광명왕에게 보내었다. 왕은 그것을 보고 매우 기뻐하면서 코끼리 교육사인 상사에게 명령하였다.

'너는 이 코끼리를 보살펴 기르면서 잘 훈련시켜라.'

상사는 명령을 받고 오래지 않아 왕에게 거짓 보고를 올렸다.

'제가 다룬 코끼리는 이제 잘 훈련되었습니다. 왕은 시험해 보소서.'

왕은 그 말을 듣고 매우 기뻐하여 시험해 보려고 금북을 쳐서 신하들을 모으고 코끼리를 시험하는 광경을 보게 하였다.

대중이 모이자 왕은 그 코끼리를 탔다. 마치 해가 처음 산에서 솟아 빛나듯이 왕이 처음으로 코끼리를 탔을 때도 그와 같았다.

왕은 백성들을 데리고 성을 나가 즐거이 놀면서 시험할 장소에 이르게 되었다.

그 때에 원기가 왕성한 코끼리는 마침 여러 코끼리들이 연못에서 연뿌리를 먹고 있는 것을 보았다. 그것을 본 코끼리는 곧 음욕이 발동하여 암코끼리를 쫓아 깊은 숲속으로 들어갔다. 때에 왕의 썼던 관은 땅에 떨어지고 옷은 찢기고 몸은 상해 피가 흐르며 머리털은 흐트러졌다. 왕은 현기증이 생겨 이제 죽는구나 생각하고 몹시 두려워하여 상사에게 물었다.

'나는 어떻게 하면 살 수 있겠는가.'

상사는 아뢰었다.

'숲속에 나무가 많습니다. 붙잡을 만한 것이 있거든 붙잡으십시오. 그렇게 하면 안전할 것입니다.'

왕은 나뭇가지를 붙잡았다. 코끼리는 지나가고 왕은 나무에 걸렸다. 나무에서 내려와 땅에 앉은 왕은 옷과 관이 없어지고 몸이 상한 것을 보고 몹시 괴로워하면서 정신없이 숲을 나왔다.

상사는 조금 먼저 나무를 붙잡고 안전하게 돌아와 왕이 혼자 근심하고 괴로워하고 앉아 있는 것을 보았다. 그는 머리를 조아리고 아뢰었다.

'원컨대 왕은 너무 걱정하지 마소서. 그 코끼리는 아마 음심이 쉬었을 것입니다. 그곳의 더러운 풀은 먹기 싫고 흐린 물은 맛이 없어 궁중의 깨끗하고 기름지며 맛난 음식을 생각하고 제 스스로 돌아올 것입니다.'

왕은 호령하였다.

'나는 이제 다시는 너나 코끼리를 생각하지 않으리라. 그 코끼리 때문에 내 목숨을 잃을 뻔하였다.'

신하들은 왕이 미친 코끼리에게 죽었을 것이라고 생각하고 길을 따라 여러 곳으로 찾아다니다가 관을 발견하고 떨어진 핏자국을 보았다. 그러다가 마침내 왕이 다른 코끼리를 타고 성으로 들어오는 것을 보았다. 성안의 백성들도 대왕이 그러한 고통을 받은 것을 보고 근심하지 않는 이가 없었다.

그 때에 미친 코끼리는 들에서 온갖 나쁜 풀과 흐리고 더러운 물을 먹으매 음심이 저절로 쉬었다. 그러자 곧 왕궁의 깨끗하고 맛난 음식을 생각하고 거센 바람처럼 달려 궁중으로 돌아왔다.

상사는 그것을 보자 왕에게 가서 아뢰었다.

'대왕은 아소서. 전에 잃어버렸던 코끼리가 지금 돌아왔습니다.'

왕은 말하였다.

'나는 이미 너도 필요 없고 코끼리도 필요 없다.'

상사는 아뢰었다.

'만일 왕께서 저와 코끼리가 필요 없으시다면 제가 코끼리를 다루는 법을 보시기 바랍니다.'

왕은 곧 사람을 시켜 평탄한 땅에 자리를 펴게 하였다.

때에 온 나라 사람들은 상사가 대왕에게 코끼리 다루는 법을 보이려 한다는 말을 듣고 구름처럼 모여들었다. 왕은 궁중에서 나와 대중의 인도를 받으면서 자리에 나가 앉았다. 상사는 코끼리를 이끌고 회장에 나왔다.

그는 대장장이를 시켜 철환 일곱 개를 만들어 시뻘겋게 불에 달구게 하고는 생각하였다.

'코끼리가 이 철환을 먹으면 반드시 죽을 것이니 그 때에는 왕이 후회할 것이다.'

그리고 왕에게 아뢰었다.

'이 흰 코끼리는 오직 전륜왕만이 얻을 수 있는 것입니다. 그런데 지금 조그만 허물이 있다 하여 버릴 수는 없습니다.'

왕은 말하였다.

'코끼리가 훈련되지 않았으면 나는 타지 않았을 것이다. 잘 훈련되었다면 어찌 이런 사고를 내었는가. 이제는 너도 필요 없고 코끼리도 필요 없다.'

상사는 거듭 아뢰었다.

'왕께서는 필요 없다 하시지만 코끼리는 참으로 애석한 일입니다.'

왕은 더욱 화를 내며 말하였다.

'내 앞에서 멀리 떠나라.'

상사는 일어나 눈물을 흘리면서 아뢰었다.

'왕에게는 친하고 성김이 없어 그 마음이 독약과 같사온데 어떻게 거짓으로 달콤한 말을 하였겠습니까?'

회장에 모인 남녀노소들은 이 말을 듣고 눈물을 흘리면서 코끼리를 물끄러미 바라보았다. 상사는 곧 코끼리에게 명령하였다.

'이 철환을 먹으라. 만일 이것을 먹지 않으면 쇠갈구리로 네 머리를 찢어 죽이리라.'

코끼리는 상사의 마음을 짐작하고 가만히 생각하기를 '나는 차라리 이 뜨거운 철환을 먹고 죽을지언정 저 쇠갈구리에 맞아 죽을 수는 없다. 사람이 어차피 죽을 바에야 차라리 목을 졸라 죽을지언정 불에 타 죽으려 하지 않는 것과 같다.' 하고 무릎을 꿇고 왕을 향해 눈물을 흘리면서 구해 주기를 바랐다.

왕은 더욱 화를 내어 바라보다가 외면해버렸다.

상사는 코끼리에게 말하였다.

'너는 지금 왜 이 철환을 먹는지 아느냐?'

코끼리는 사방을 둘러보면서 '이 대중 가운데는 내 목숨을 구해 줄 사람은 없구나.' 생각하고 손으로 철환을 집어 입에 넣어 삼켰다.

철환은 배에 들어가 내장을 태우면서 바로 내려갔다. 그것은 금강저로 수정산을 때리는 것 같아서 코끼리는 죽어 쓰러졌고 땅에 떨어지는 철환은 아직도 시뻘겋게 타고 있었다.

베풀고 계를 지켜 행복한 수행의 길로 접어들다

대중들은 이 모습을 보고 모두 슬피 울었다. 왕도 이를 보고 놀라고 두려워하여 이내 후회하였다.

왕은 곧 상사를 불러 물었다.

'네 코끼리가 훈련되어 그처럼 잘 순종하거늘 저 숲속에서는 어찌 그것을 제지시키지 못하였던가.'

그 때에 정거천淨居天은 광명왕이 위없는 보리심을 낼 줄을 알고 곧 신력으로 상사를 시켜 꿇어앉아 왕에게 대답하게 하였다.

'대왕이여, 저는 오직 코끼리 몸만 다룰 수 있고 그 마음은 다루지 못하나이다.'

'그러면 혹 몸도 다루고 마음도 다룰 수 있는 사람이 있는가.'

'부처님은 몸도 다루고 마음도 다룰 수 있나이다.'

광명왕은 '부처님'이라는 이름을 듣고 놀라 온 몸의 털이 일어서면서 상사에게 말하였다.

'네가 말하는 부처님이란 어떤 종성種性에서 나왔는가?'

'부처님은 두 가지 종성에서 나왔습니다. 첫째는 지혜요, 둘째는 자비입니다. 그 분은 여섯 가지 일, 즉 여섯 가지 바라밀을 부지런히 행하여 공덕과 지혜를 완전히 갖추어 부처님이라 부릅니다. 그리고 그 분은 자기도 잘 다루었고 중생들도 잘 다룹니다.'

왕은 이 말을 듣고 기뻐하면서 곧 궁중으로 들어가 향탕香湯에 목욕하고 새 옷을 갈아입었다. 그리고 높은 누각에 올라가 사방을 향해 예배한 뒤에 일체 중생에게 가엾이 여기는 마음을 일으키고 향을 사루면서 서원을 세웠다.

'나의 모든 공덕을 불도에 회향廻向하나이다. 내가 부처가 된 뒤에는 내 마음을 다루고 또 일체 중생을 다루겠나이다. 만일 한 중생을 위해 아비지옥에 들어가 한 겁을 지냄으로써 그것이 그에게 이익 된다면 나는 그 지옥에 들어가더라도 끝내 보리심을 버리지 않겠나이다.'

이렇게 서원을 세우자 천지는 여섯 가지로 진동하여 산과 바다는 솟았다 꺼지고 허공에서 저절로 풍류 소리가 나며, 한량없는 하늘은 하늘 풍류를 아뢰고 노래로 보살을 찬탄하되 '당신은 그 공덕으로 오래지 않아 부처가 될 것입니다. 불도를 이룬 뒤에는 우리들도 제도해 주시기 바랍니다. 우리도 이 청정한 법회法會에 한 몫이 있어야 할 것입니다'고 하였느니라."

부처님은 비구들에게 말씀하셨다.

"알고 싶으냐. 그 때에 철환을 먹은 흰 코끼리는 바로 지금의 난다요, 상사는 사리불이며, 광명왕은 지금의 이 내 몸이니라. 나는 그 때 코끼리가 잘 훈련되어 순종하는 것을 보았기 때문에 비로소 도의 마음을 내어 불도를 구하였느니라."

그 때에 대중들은 부처님의 고행이 그러하였다는 말을 듣고 네 가지 도의 결과를 얻은 이도 있고, 큰 도의 마음을 내는 이도 있으며, 집을 떠나 도를 닦는 이도 있었다. 그래서 모두 기뻐하여 받들어 행하였다.

사람을 살리기 위해
가죽을 벗기우고 몸을 바친
동물 거타

·····🌸·····

어느 때 부처님은 라자그리하성의 그리드라쿠우타산에 계셨다.

그 때에 부처님은 몸에 바람병이 있었다. 의사 지바는 부처님을 위해 약소藥酥를 만들고 거기에 서른두 가지 약을 타서 부처님께 드려 하루에 서른 두 냥쭝씩 드시게 하였다.

데바닷타는 항상 질투심을 품고 마음이 교만하여 부처님과 같이 되기를 바랐다. 그는 부처님이 약소를 드신다는 말을 듣고 마음으로 시기하여 부처님과 꼭같이 먹으려고 생각하고 지바에게 일렀다.

"나를 위해 그 약을 만들라."

지바는 그를 위해 약을 만들어 주면서 말하였다.

"하루 네 냥쭝씩 드십시오."

데바닷타는 물었다.

"부처님은 몇 냥쭝씩 드시느냐."

"하루 서른 두 냥쭝씩 드십니다."

"나도 서른 두 냥쭝씩 먹겠다."

"부처님은 당신 몸과 같지 않습니다. 당신은 많이 드시면 반드시 다른 병이 생길 것입니다."

데바닷타는 말하였다.

"나도 먹으면 넉넉히 소화할 수 있다. 내 몸이나 부처님 몸이나 무슨 차별이 있겠느냐. 내게 먹도록만 하라."

그는 부처님을 따라 하루 서른 두 냥쭝씩 먹었다. 약이 몸에 들어가 여러 혈맥으로 배어들자 이를 소화시키지 못하고 온 몸과 사지의 뼈마디가 몹시 아파 신음하고 부르짖으면서 답답해 뒹굴었다.

부처님은 이를 가엾이 여겨 멀리서 손을 펴서 데바닷타의 머리를 어루만지셨다. 약은 소화가 되고 고통이 사라지면서 병이 나았다.

데바닷타는 그것이 부처님 손인 것을 알고 사람들에게 말하였다.

"싯다르타의 다른 기술을 세상 사람들이 알아주지 않으니까 이제는 의술을 배워 세상에 자신을 알리려는구나."

아난다는 이 말을 전해 듣고 하도 원통하여 부처님께 나아가 사뢰었다.

"저 데바닷타는 은혜를 모르나이다. 부처님께서 저를 불쌍히 여겨 병을 고쳐 주셨는데 그는 나쁜 말을 하였나이다. 무슨 심정으로 그러는지 항상 부처님에 대해 질투만 하고 있나이다."

부처님은 말씀하셨다.

"데바닷타는 오늘만 그런 나쁜 마음으로 나를 중상하려는 것이 아니다. 전생에도 항상 나쁜 마음으로 나를 죽이려 하였느니라."

베풀고 계를 지켜 행복한 수행의 길로 접어들다

"전생에 그가 부처님을 해치려던 그 사실을 알고자 하나이다."

부처님은 말씀하셨다.

"오랜 옛날 헤아릴 수 없는 아승지 겁에 잠부드비이파에 큰 성이 있어 이름을 바라나시라 하였고 그 때의 국왕 이름은 브라흐마닷 타라 하였다. 왕은 흉하고 사나워 자비심이 없고 사치하고 음탕하여 쾌락을 즐겼으며 항상 미워하는 마음으로 남을 해치기를 좋아하였다.

어느 때 그는 꿈속에서 어떤 짐승을 보았다. 온 몸의 털은 금빛이요, 털끝마다 금빛 광명을 내어 사방을 비추면 그것도 모두 금빛이었다.

그는 꿈을 깨고 생각하였다.

'이 세상에는 반드시 내가 궁에서 본 것과 같은 것이 있으리라. 사냥꾼에게 명령하여 그 가죽을 구하자.'

그는 여러 사냥꾼을 불러 명령하였다.

'나는 꿈에 어떤 짐승을 보았다. 온 몸의 털은 금빛이요, 털끝마다 광명을 내어 이상하고 휘황하였다. 이 나라에 반드시 그런 동물이 있을 것이다. 너희들은 두루 돌아다니면서 그것을 구해 잡아야 한다. 만일 그 가죽을 구하면 중한 상을 주고 또 너희 자손들에게 일곱 대代로 먹을 것을 줄 것이다. 그러나 그것을 구하지 못하면 너희들을 죽이고 너희들의 족속을 멸하리라.'

사냥꾼들은 왕의 명령을 받고 근심하고 걱정하였으나 방법이 없었다.

그들은 한 곳에 모여 의논하였다.

'왕이 꿈에서 본 짐승을 우리는 일찍 본 일이 없다. 어디 가서 그것을 구경하겠는가. 만일 그것을 얻지 못하면 왕의 법을 어기게 되는 것이니 우리는 아주 살 길이 없어지는 것이다.'

이렇게 의논하자 번민은 더하기만 하였다.

또 어떤 이는 말하였다.

'이 산이나 늪에는 독한 벌레와 모진 짐승이 많아서 아무리 두루 다니면서 구하여도 얻지 못하고 우리는 숲이나 들에서 차례로 죽고 말 것이다. 우선 가만히 한 사람을 사서 그를 보내어 구하도록 하자.'

여러 사람들이 좋다 하여 사냥꾼을 구해 그에게 권하였다.

'너는 힘을 다해 지역을 두루 다니면서 그 동물을 구해보라. 만일 네가 얻어 가지고 돌아오면 우리는 힘을 합해 너에게 중한 상을 줄 것이요, 혹 산이나 늪에서 해를 당해 돌아오지 못하더라도 그 재물을 네 처자에게 주리라.'

그는 이 말을 듣고 생각하였다.

'나는 이 사람들을 위해 신명을 버리자.'

그는 곧 준비를 하고 험한 길을 떠났다. 그러나 오랫동안 돌아다니자 몸은 여의고 힘이 빠졌다. 때는 한여름이라 뜨거운 모래 길에 이르러서는 입술과 목이 마르고 찌는 듯 답답하여 죽을 것 같았다. 혹독한 고통을 견디다 못하여 슬피 울면서 부르짖었다.

'누가 자비스런 마음으로 나를 가엾이 여겨 내 신명을 구제해 줄 것인가.'

때에 그 늪에 어떤 들짐승이 있었는데 이름을 거타라 하였다. 온 몸의 털은 금빛이요 털끝마다 광명이 있었다. 거타는 멀리서 이 말을 듣고 못내 가엾이 여겨 찬 샘물에 들어갔다가는 돌아 와서 몸으로 그를 싸안았다. 조금 기운을 돌리자 그를 데리고 샘물로 가서 목욕을 시켜 주고 다니면서 과실을 주워다 그를 먹였다.

그는 몸이 회복되자 생각하였다.

'이 이상한 짐승은 털빛이 광명이 있다. 이것은 우리 대왕이 구하는 것이다. 그러나 내가 죽게 되었을 때에 이것을 힘입어 목숨이 살아났다. 그 은혜를 알고도 갚지 못하면서 어찌 해칠 마음을 내겠는가. 그러나 만일 이것을 잡지 않으면 우리 사냥꾼 종족들이 모두 다 죽게 될 터인데.'

이렇게 생각하자 슬픔을 견딜 수가 없었다.

거타가 이를 보고 물었다.

'왜 슬퍼하십니까.'

그는 눈물을 흘리면서 심정을 토로하였다.

거타는 위로하며 말하였다.

'걱정 마십시오. 내 가죽은 얻기 쉽습니다. 생각하면 나는 전생에 수없이 몸을 버렸지만 일찍 복을 짓기 위해 목숨을 버린 적은 없었습니다. 이제는 내 몸 가죽으로 여러 사람의 목숨을 건지게 되었습

니다.'

오히려 매우 기뻐하면서 말을 이었다.

'만일 나를 잡으려거든 가죽만 벗기고 목숨은 끊지 마십시오. 나는 이미 당신에게 준 몸이라 결코 회한이 없습니다.'

그리하여 사냥꾼은 천천히 그의 가죽을 벗겼다.

그 때에 거타는 선 채로 서원을 세웠다.

'지금 나는 내 가죽을 이 사람에게 주어 여러 사람들의 소중한 목숨을 구제한다. 그 공덕을 일체 중생에게 베풂으로써 위없는 바르고 참된 불도를 이루고 일체 중생을 생사의 고통에서 두루 건져 열반의 안락한 곳에 편히 살게 하여지이다.'

이렇게 발원하자 삼천 세계는 여섯 가지로 진동하였다. 그래서 여러 하늘 궁전이 흔들려 편하지 않았다. 하늘 사람들이 모두 놀라 그 까닭을 찾다가 보살이 가죽을 벗겨 보시하는 것을 보았다. 그들은 곧 하늘에서 내려와 그에게로 가서 꽃을 흩어 공양하고 흘리는 눈물이 비와 같았다.

사냥꾼이 가죽을 벗겨 가지고 떠난 뒤에 그대로 서 있는 거타의 몸에서 흘러내리는 피는 차마 볼 수 없었다. 또 8만 파리와 개미 떼가 그 몸에 모여들어 살을 파먹었다. 그는 어떤 구멍으로라도 들어가고 싶었으나 파리와 개미 떼가 상할까 걱정하여 고통을 참고 버티어 서서 몸을 움직이지 않고 살을 먹이다가 거기서 그대로 죽고 말았다.

때에 그 파리와 개미 떼들은 보살의 몸을 먹음으로써 목숨을 마친 뒤에는 모두 천상에 나게 되었다.

사냥꾼은 가죽을 가지고 본국으로 돌아가 왕에게 바쳤다. 왕은 처음 보는 물건이라 신기하게 여기고 기뻐하면서 그 곱고 부드러움을 좋다 하여 언제나 깔고 누워 있었다. 그제서야 마음은 편안하고 즐거웠었느니라.

이와 같이 아난다여, 그 때의 그 짐승 거타는 바로 지금의 이 내 몸이요, 브라흐마닷타왕은 바로 지금의 저 데바닷타며, 8만 벌레들은 바로 내가 처음 부처가 되어 비로소 법 바퀴를 굴릴 때 도를 얻은 8만 하늘 그들이니라. 저 데바닷타는 그 때에도 나를 죽였고 지금에 와서도 착한 마음이 없이 언제나 해치려고만 하고 또 중상하고자 하는 것이다."

아난다와 대중들은 부처님 말씀을 듣고 슬퍼하고 원망하면서 서로서로 격려하여 부지런히 법을 구하였다. 그리하여 깨달음을 얻는 이도 있고 아라한을 얻는 이도 있었으며, 푸라데카부처의 인연을 심는 이도 있고, 위없는 불도에 뜻을 두는 이도 있었으며 물러나지 않는 자리에 머무르는 이도 있었다.

그리하여 모두 기뻐하고 공경하며 받들어 행하였다.

선행을 하여
나찰의 도움을 얻고 부자가 된
차마

어느 때 부처님은 라자그리하성의 죽림정사에서 많은 제자들과 함께 계셨다.

그 때에 나라에 어떤 바라문이 있었다. 그는 집이 가난하여 돈도 곡식도 없이 곤궁히 지냈다. 부지런히 노력하였으나 가난은 더욱 심하여 입을 것도 먹을 것도 없었다. 그래서 그는 어떤 사람에게 물었다.

"지금 이 세상에서 어떤 일을 하면 현세에서 그 복을 받을 수 있는가?"

그 사람은 대답하였다.

"너는 모르는가. 지금 부처님이 세상에 나오셔서 일체 중생들을 복으로 건지고 이롭게 하여 구원을 받지 않는 이가 없다. 또 그 부처님에게는 큰 제자 네 분이 있다. 이 네 분 현자는 항상 가난한 이들을 가엾이 여기고 고통 받는 중생들을 복되게 한다. 만일 네가 지금 믿고 공경하는 마음으로 음식으로 그분들을 공양하면 현세에서 너의 소원을 이룰 것이다."

바라문은 그 사람의 말을 듣고 매우 기뻐하여 나라 안으로 돌아다니면서 스스로 노동하여 재물을 조금 얻었다. 그것을 가지고 집에 돌아와 음식을 준비하여 여러 성현을 청하여 하루 공양하였다. 그리고 일심으로 정진하면서 현세의 갚음이 오기를 바랐다.

바라문의 아내 이름은 차마(안온安穩)였다. 그는 존자들에게 공양을 올렸고 여러 제자들은 차마에게 여덟 가지 재법을 가르쳐 주고 모두 절로 돌아갔다.

어느 때에 빔비사라왕은 숲에서 놀고 성으로 돌아오다가 길에서 어떤 사람이 나라에 중죄를 짓고 나뭇가지 끝에 결박되어 길가에 세워져 있는 것을 보았다. 죄인은 왕을 보고 슬퍼하면서 먹을 것을 조금 청하였다. 왕은 그를 가엾이 여겨 곧 먹을 것을 주겠다고 약속하고 거기서 떠났다.

왕은 낮의 일을 깜빡 잊었다가 밤이 되어서야 생각하였다.

"나는 아까 그 죄인에게 먹을 것을 주기를 약속하였는데 어째서 깜빡 잊었을까?"

곧 사람을 시켜 그에게 밥을 가져다주려고 하였으나 아무도 가려고 하는 사람이 없었다. 그들은 모두 이렇게 말하였다.

"지금은 한밤중인데 길에는 아마 사나운 짐승이나 모진 귀신 나찰의 재화가 많을 것입니다. 차라리 이 자리에서 죽을지언정 저기는 갈 수 없습니다."

그 때에 왕은 죄인의 고통을 생각하고 마음이 아팠다. 그를 가엾이 여기는 마음으로 곧 나라에 영을 내렸다.

"누구나 그에게 밥을 가져다주면 상금 천 냥을 주리라."

그러나 나라 안에는 아무도 그 모집에 응하는 사람이 없었다.

그 때에 차마는 사람들이 하는 말을 들었고 이렇게 생각했다.

'만일 어떤 사람이 여덟 가지 재법을 받들어 지니면 어떤 모진 귀신이나 독한 짐승들의 일체 재화도 침해하지 못한다고 했다. 우리 집은 빈궁하고 또 나는 재법을 받들어 지닌다. 지금 왕이 사람을 모집하는 것은 나를 위하려는 것이다. 나는 지금 가서 거기에 응모하여 값을 받으리라.'

차마는 이렇게 생각하고 곧 가서 응모하였다.

그 때에 왕은 또 차마에게 말하였다.

"나를 위해 그에게 밥을 가져다주고 무사히 돌아오면 나는 너에게 금 천 냥을 주리라."

차마는 분부를 받아 밥을 가지고 가기로 하고 지극한 마음으로 재법을 가져 조금도 빠뜨림이 없었다.

드디어 길을 따라 떠났다. 성을 벗어나 멀리 가다가 람바라는 한 나찰 귀신을 만났다. 그 때에 그 귀신은 5백 명 새끼를 낳았는데 처음으로 몸을 풀고 나서 몹시 주리고 목말라 차마를 보자 잡아먹으려 하였다. 그러나 차마는 하나 빠뜨림이 없이 재법을 지녔기 때문에 귀신은 도리어 두려워하며 차마가 가지고 있는 음식을 빌었다.

"조금만 먹을 것을 주시오."

차마는 거역하지 않고 조금 주어 구원하였다. 음식은 적었으나 귀신의 힘이기 때문에 그것으로써 배가 불렀다.

그 때에 나찰은 차마에게 물었다.

"당신 이름은 무엇입니까?"

"내 이름은 차마다."

나찰은 기뻐하면서 말하였다.

"나는 지금 아이를 낳고 안온하게 되었고 당신 때문에 목숨이 살았습니다. 내게 이익됨이 적지 않아 나는 살게 되었고 또 당신의 좋은 이름을 들었습니다. 내가 사는 곳에 금 한 가마가 있어 그것으로 당신의 은혜를 갚습니다. 잊지 말고 돌아갈 때에 가져가십시오."

나찰은 또 물었다.

"당신은 어디로 가려 하십니까?"

차마는 대답하였다.

"나는 이 음식을 가지고 어느 사람에게 주려고 가는 길이다."

나찰 람바가 말하였다.

"내 누이동생이 저 앞에 사는데 이름은 아람바입니다. 만일 당신이 만나게 되거든 나를 위해 문안하고 람바는 해산하여 5백 명 아들을 낳고 몸이 안온하다고 내 사정을 자세히 알려 소식을 전해 주십시오."

차마는 그 말대로 길을 따라 가다가 아람바를 만나 곧 문안하고 람바의 사정을 자세히 말하면서 5백 아들을 낳아 모두 안온하다고 전하였다.

아람바는 그 말을 듣고 매우 기뻐하면서 차마에게 물었다.

"당신 이름은 무엇입니까?"

"내 이름은 차마다."

아람바는 매우 기뻐하면서 말하였다.

"내 언니가 해산하여 안온하고 또 당신 이름이 좋으니 얼마나 좋습니까. 지금 내가 사는 곳에 금 한 가마가 있으니 당신에게 드립니다. 잊지 말고 돌아갈 때에 가져가십시오."

그는 또 물었다.

"당신은 어디로 가려 하십니까?"

"나는 왕을 위해 음식을 가지고 어느 사람에게 간다."

"내 사내 동생 분나기가 저 앞길에 있습니다. 나를 위해 문안하고 이 누이 뜻을 전해 주십시오."

차마는 그를 하직하고 길을 따라 나아갔다. 그 말대로 분나기를 만났다. 그 두 누이를 위해 사정을 자세히 이야기하면서 '큰 누이는 아들 5백 명을 낳고 몸이 안온하여 조금도 언짢은 일이 없다'고 전하였다. 때에 분나기는 두 누이가 편안하다는 소식을 듣고 기뻐하면서 다시 차마에게 물었다.

"당신 이름은 무엇입니까?"

"내 이름은 차마다."

"당신 이름이 안온이라 좋고, 또 내 누이들이 편안하다는 소식을 전하니 더욱 유쾌합니다. 내가 사는 곳에 금 한 가마가 있어 그것을 당신에게 드립니다. 잊지 말고 돌아갈 때에 가져가십시오.”

차마는 그를 하직하고 길을 따라 가다가 왕이 말한 그곳을 기억하고 그 사람에게 가서 밥을 주고는 집으로 돌아왔다.

그는 금 세 가마를 가져다 집에 두고 다시 왕에게 상금 천 냥을 얻어 집은 가난을 면하고 곧 부자가 되었다. 그 나라 백성들은 차마의 집에 재물과 보배가 많은 것을 보고 즐겨 하인이 되려고 몰려와 심부름꾼이 되었다. 왕은 그의 복덕이 그러하다는 말을 듣고 곧 궁으로 불러 대신을 삼았다.

그는 다시 왕의 녹을 먹고 또 부자가 되매 부처님을 믿는 마음이 정성되고 독실하여 복업을 더욱 널리 증장하기 위해 부처님과 스님들을 청하여 큰 공양을 베풀었다.

부처님은 스님들과 함께 그의 청을 받고 공양을 하였다. 공양 후 그를 위해 설법하였는데 그때 마음이 열려 깨달음을 얻었다.

때에 대중들과 아난다는 부처님 말씀을 듣고 기뻐하여 받들어 행하였다.

계행은 모든 것의 기초
기초가 튼튼해야 흔들림 없고
흔들림 없어야 끝까지 갈 수 있네
계행이 온전해야 바른 선정이 생기고
바른 선정에서 지혜가 나타나네
지혜가 온전해야 열반에 이를 수 있네.

베풀고 계를 지켜 행복한 수행의 길로 접어들다

계를 지켜 하늘나라에 태어난 용왕

어느 때 부처님은 사위국 기수급고독원에 계셨다.

그 때에 어떤 두 하늘은 초저녁에 부처님께로 나아갔다. 그들 몸의 광명은 제타 숲을 두루 비추어 모두 금빛 같았다.

부처님은 그들에게 적당한 묘한 법을 연설하셨다. 그들은 마음이 열려 모두 도의 자취를 얻은 뒤에 땅에 엎드려 부처님께 예배하고 천상으로 돌아갔다.

이튿날 아침에 아난다는 부처님께 여쭈었다.

"어제 밤에 와서 부처님을 뵈온 그 두 하늘은 위엄스런 모습이 두드러지고 깨끗한 광명이 빛났나이다. 그들은 옛날에 어떤 공덕을 심었기에 그런 묘한 결과를 얻었나이까."

부처님은 말씀하셨다.

"카샤파 여래가 열반한 뒤 그 끼친 법이 끝나려 할 때에 어떤 두 바라문이 여덟 가지 재를 받들어 가졌었다. 한 사람은 천상에 나기를 원하였고, 둘째 사람은 국왕이 되기를 원하였었다.

첫째 사람이 자기 집에 돌아갔을 때 아내는 그를 불러 밥을 같이 먹자고 하였다. 남편은 아내에게 말하였다.

"아까 부처님께 재계를 받았는데 한낮이 지나면 음식을 먹지 않는다고 하였소."

아내는 다시 말하였다.

"당신은 수행자로서 스스로 법이 있는데 무엇 때문에 이도들의 재계를 받듭니까. 지금 내 말을 듣지 않고 같이 밥을 먹지 않으면 이 사실을 다른 수행자들에게 일러 당신을 몰아내고 같이 모이지 않도록 하겠습니다."

그는 이 말을 듣고 겁을 내어 아내와 함께 한낮이 지나서 밥을 먹었다. 두 사람은 살대로 살다가 각각 목숨을 마쳤느니라.

왕이 되기를 원한 사람은 재계를 온전히 가졌기 때문에 다음에 왕으로 태어났고, 천상에 나기를 원한 사람은 재계를 어겼기 때문에 용으로 태어났다.

그 때 어떤 사람이 왕의 동산지기가 되어 갖가지 과실을 왕에게 보내 드렸다. 그는 어느 날 우물 속에서 이상한 과일 하나를 얻었는데 빛깔과 향기가 매우 아름다웠다. 그는 곧 생각하였다.

'내가 드나들 때마다 이 문지기한테 거절을 당했으니 이것을 그에게 주리라.'

그는 생각대로 문지기에게 주어 문지기는 그것을 받았다.

문지기는 생각하였다.

'내가 일을 통하러 갈 때에는 항상 저 내시한테 걸린다. 이것을 그에게 주리라.'

그는 과일을 내시한테 주었다.

이렇게 하여 그 과일은 왕후에게까지 올라갔고 왕후는 그것을 왕에게 바쳤다. 왕이 그것을 먹어 보매 매우 달고 맛났다. 왕은 왕후에게 물었다.

"이것을 어디서 구했는가."

왕후는 사실대로 대답하였고 거기서 다시 거슬러 동산지기에게까지 이르렀다.

왕은 동산지기를 불러 물었다.

"내 동산 안에 이런 아름다운 과실이 있는데 왜 내게는 바치지 않고 다른 사람에게 주는가."

이에 동산지기는 내력을 사실대로 아뢰었다.

왕은 다시 명령하였다.

"지금부터는 이 과일을 끊이지 말고 보내도록 하라."

동산지기는 아뢰었다.

"이 과일은 종자가 없습니다. 이것은 우물 속에서 얻은 것입니다. 칙사를 아무리 보내셔도 마련할 도리가 없습니다."

왕은 다시 명령하였다.

"만일 그것을 구하지 못하면 네 목을 베리라."

동산지기는 물러 나와 번민하다가 소리를 내어 크게 울었다.

때에 용이 그 우는 소리를 듣고 사람의 몸으로 변해 와서 물었다.

"너는 무슨 일로 그처럼 슬피 우는가."

동산지기는 자초지종을 말하였다.

그러자 용은 물로 들어가 아름다운 과실을 수북이 금반에 바쳐 가지고 나와 이 사람에게 주면서 말하였다.

"이 과실을 가지고 가서 왕에게 바치고 내 뜻을 전하라. 나와 왕은 본래부터 친한 친구였다. 옛날 세상에 있을 때에는 둘 다 수행자로서 여덟 가지 재법을 받들어 각각 소원이 있었다. 왕은 계율을 온전히 가졌기 때문에 인간의 왕이 되었고 내 계율은 온전하지 못하였기 때문에 용으로 태어났다. 나는 지금 재계를 받들어 닦아 이 몸을 버리려고 한다. 그래서 여덟 가지 재계 책을 찾는다. 그것을 구해 내게 보내라. 만일 내 말을 어기면 나는 네 나라를 뒤엎어 큰 바다로 만들 것이다."

이에 동산지기는 그 과실을 왕에게 올리고 용이 부탁한 사실을 설명하였다. 왕은 이 말을 듣고 매우 걱정하였다. 그 때에는 세상에 불법이 없고 또 여덟 가지 재법 책은 다 없어져 구할 수 없었으며 만일 그 뜻을 듣지 않으면 큰 해를 받을 것이기 때문이었다.

왕에게는 가장 공경하고 존중하는 신하가 있었다.

왕이 그에게 말하였다.

"신룡神龍이 내게 재계 책을 요구하니 그대는 그것을 내게 구해다오."

대신은 대답하였다.

"지금 세상에는 불법이 없는데 어떻게 구하겠습니까?"

왕은 다시 명령하였다.

"만일 그대가 그것을 구하지 못하면 나는 그대를 죽이리라."

대신은 이 말을 듣고 매우 낙담하면서 자기 집으로 돌아갔다.

그 대신에게는 늙은 아버지가 있었다. 아들이 밖에서 올 때에는 항상 밝은 얼굴로 아버지의 마음을 위로하였는데 그 날은 아들의 얼굴빛이 평상시와 다른 것을 보고 물었다.

"무슨 일이 있었느냐?"

대신은 아버지에게 자세한 사실을 설명하였다.

아버지가 말하였다.

"우리 집 기둥에서 늘 광명이 나타난다. 시험 삼아 부수어 보아라. 혹 이상한 물건이 있을런지 모르겠다."

아들은 아버지 분부를 받고 사람을 시켜 기둥을 베어 쪼개어 보았다. 거기서 경책 두 권을 얻었다. 하나는 열두 가지 인연경이요, 다른 하나는 여덟 가지 재계 책이었다.

대신은 그것을 가져다 왕에게 바쳤다. 왕은 못내 기뻐하여 경책을 금반 위에 바쳐 용에게 가져다주었다. 용은 경책을 받고는 몹시 기뻐하고 즐거워하면서 많은 보배를 왕에게 보내었다.

그리고 용은 여덟 가지 재계를 받들어 가져 부지런히 수행하고 목숨을 마친 뒤에는 하늘 궁전에 났다. 또 왕도 다시 재법을 받들어 닦고 목숨이 다해 천상에 나서 한 곳에 있느니라.

부처님께서 이렇게 말씀하실 때 여러 대중들은 모두 기뻐하여 받들어 행하였다.

한번의 거짓말로
귀도 눈도 없이 태어난
장자

어느 때 부처님은 사위국 기수급고독원에서 여러 비구들을 위하여 설법하고 계셨다.

그 때에 나라에 큰 장자가 있었는데 그는 재물이 한량이 없어 금은 등 일곱 가지 보배가 창고에 가득하였고 코끼리·말·소·양과 노비와 백성들이 수없이 있었다.

장자에게는 아들이 없고 딸만 다섯 있었는데 모두 단정하고 총명하였다. 장자의 아내는 임신 중이었는데 갑자기 장자가 병이 들어 숨을 거두었다.

나라 법에 의하면 가장이 죽고 아들이 없을 때 재산은 모두 나라에 바치게 되어 있었다. 왕은 대신을 보내어 그 집 재산을 모두 챙겨 기록하도록 했다.

이에 딸들은 재산이 나라에 들어가게 되었을 때를 걱정하였다.

'지금 우리 어머니는 임신 중인데 아직 아들인지 딸인지 모른다.

만일 딸이라면 우리 집 재물은 결국 나라에 들어가겠고 만일 사내라면 그가 우리 집 재산의 주인이 될 것이다.'

이렇게 생각하고 왕에게 나아가 아뢰었다.

"저희 아버지는 아들이 없이 돌아가셨기 때문에 그 재산은 응당 대왕께 바쳐야 합니다. 그러하오나 지금 저의 어머님은 임신 중이므로 해산을 기다려 만일 딸이라면 그 때에 가서 재산을 바치더라도 늦지 않겠사오며 아들이라면 그가 응당 우리 집 재산의 주인이 되어야 할 것입니다."

푸라세나지트왕은 법을 공정하게 쓰기 때문에 그 청을 옳게 여겨 허락하였다.

그 뒤 오래지 않아 달이 차서 어머니는 아기를 낳았다. 그런데 아기 몸은 두루뭉숭이가 되어 귀도 눈도 없고 입은 있으나 혀가 없었다. 그러나 남근男根은 있었기에 이름을 만자비리라고 지었다.

딸들은 왕에게 가서 이 사실을 아뢰었다.

왕은 그 말을 듣고 이치를 생각하였다.

'눈·귀·코·혀·손·발로써 재산의 주인이 되는 것이 아니라 사내라야 재산주인이 될 수 있는 것이다. 이 아이는 남근이 있으니 응당 아버지의 재산을 이어 받아야 한다.'

왕은 딸들에게 말하였다.

"재산은 너희들 동생에게 속한다. 나는 가지지 않으리라."

얼마 뒤 큰 딸은 다른 집으로 시집갔다. 그녀는 남편을 받들어 섬기되 겸손하고 정성스러워 침구를 깨끗이 떨고 닦거나 음식을 차리거나 맞고 배웅하거나 일어나 절하고 문안하는 것이 마치 종이 상전을 섬기는 것과 같았다.

이웃집 어떤 장자가 이것을 보고 이상히 여겨 물었다.

"부부의 도는 집집이 다 있겠지만 당신은 어찌하여 그처럼 다릅니까?"

여자는 대답하였다.

"우리 아버지는 돌아가시고 재산은 한량없는데 딸이 다섯 있었지만 재산은 나라에 들어가게 될 처지였습니다. 마침 어머니가 몸을 풀어 우리 동생을 낳았습니다. 눈·귀·코·혀·손·발은 없었지만 남근이 있었으므로 우리 재산의 주인이 되게 되었습니다. 이런 이치로 볼 때 아무리 여러 딸이 있었으나 한 사내만 못하기 때문에 남편을 그렇게 받드는 것입니다."

장자는 그 말을 듣고 이상하게 여겨 그 여자와 함께 부처님께 나아가 사뢰었다.

"부처님이시여, 저 장자 아들은 어떠한 인연으로 귀·코와 손발이 없으면서도 부잣집에 태어나 그 재산의 주인이 되었나이까."

부처님은 말씀하셨다.

"잘 물었다. 너는 자세히 듣고 잘 생각하라. 너를 위해 말하리라."

"예, 듣겠나이다."

부처님은 말씀하셨다.

베풀고 계를 지켜 행복한 수행의 길로 접어들다

"먼 옛날에 큰 장자 형제가 있었다. 형의 이름은 단야세질이요, 아우 이름은 시라세질이었다. 그 형은 젊을 때부터 정직하고 진실하며 항상 보시하기를 좋아하여 가난한 이를 구제하였다. 온 나라 사람들은 모두 그의 신용과 착함을 칭찬하였다. 왕은 그를 뽑아 나라의 평사平事를 삼아 송사의 시비와 곡직을 그로 하여금 판결하게 하였다.

그 때에 그 나라 법에는 빌려주고 받는 데 있어서 아무 증서도 없이 모두 평사 단야세질에게 가서 증인으로 서게 하였다.

때에 어떤 상인이 보배를 찾으러 바다에 들어가는 자금을 구하기 위해 평사의 아우 시라세질에게 많은 돈을 꾸게 되었다.

아우 장자는 아직 어린 외아들이 있었다. 그는 그 아들과 같이 한 자리에서 돈을 내어주고 그 형인 평사에게 가서 아뢰었다.

'형님, 이 상인이 내게 돈을 꾸었는데 바다에 갔다 돌아오면 갚을 것입니다. 형님은 나를 위해 증인이 되어 주십시오. 그래서 만일 내가 죽거든 내 아들이 그 돈을 받게 하여 주십시오'

평사 장자는 손가락으로 돈을 가리키면서 말했다.

'그렇게 하리라.'

그후 오래지 않아 아우 장자가 목숨을 마쳤다.

때에 그 상인은 배를 타고 바다에 들어갔다가 풍랑을 만나 배는 부서져 없어졌다. 그는 널빤지를 붙들고 겨우 살아나 본국으로 돌아왔다.

장자 아들은 배가 부서져 빈손으로 돌아온 그를 보고 가만히 생각하였다.

'저이는 내게 빚을 졌지만 지금 저처럼 곤궁하니 무엇으로 빚을 갚을 수 있겠는가.'

얼마 후 상인은 다른 동료들과 함께 다시 큰 바다로 들어가 많은 보배를 얻어 무사히 돌아왔으나 그 사실을 알리지 않고 조용히 생각하였다.

'저 장자의 아들은 전날 나를 보았어도 내게 빚을 독촉하지 않았다. 내가 돈을 빌릴 때 저 사람은 어렸으니 혹 기억하지 못해서인가, 혹은 전날에는 내가 곤궁하였기 때문에 독촉하지 않았던 것인가, 나는 이제 시험해 보리라.'

상인은 화려한 옷을 입고 온갖 보배로 꾸민 말을 타고 저자로 돌아갔다.

장자 아들은 그러한 상인의 모습을 보고 생각했다.

'저 사람은 재물을 많이 가지고 돌아온 것 같다. 시험해 빚을 독촉해 보리라.'

그는 곧 상인에게 사람을 보내어 다음과 같이 말을 전했다.

'당신은 내게 빚을 졌으니 이제 갚아야 합니다.'

상인은 대답했다.

'장차 갚도록 하겠다고 전하시오.'

하인을 돌려 보낸 후 상인은 생각에 잠겼다.

'이제 내가 갚을 빚이 훨씬 커졌구나. 이자에 이자가 겹치면 갚을

도리가 없다. 이제 꾀를 써서 청산하리라.'

그는 보배구슬 하나를 가지고 평사 부인에게 가서 아뢰었다.

'형수씨, 내가 전날 시라세질에게 돈을 조금 꾸었더니 이제 그 아들이 내게 와서 빚을 독촉합니다. 이 보배구슬은 10만 냥의 가치가 있는데 이것을 드리겠습니다. 그가 만일 내게 빚을 독촉하거든 평사 형님께 부탁하여 증인이 되지 말아 달라고 말해 주십시오.'

그 부인은 구슬을 받으며 말했다.

'장자는 정직하고 진실한데 반드시 듣지 않으실 것입니다. 그러나 말은 해 보겠습니다.'

날이 저물어 평사가 돌아왔다.

부인이 말을 전하자 평사가 말했다.

'어떻게 그런 일이 있을 수 있겠소. 내가 정직하고 진실하여 거짓말을 하지 않기 때문에 나를 세워 이 나라 평사를 삼았는데 한번이라도 거짓말을 한다면 그것은 옳지 않소.'

이튿날 상인이 찾아왔다. 부인은 사정을 이야기하고 구슬을 돌려주었다. 상인은 다시 20만 냥의 가치가 있는 큰 구슬 하나를 주면서 말했다.

'부탁이 이뤄지도록 해 주시기를 바랍니다. 이것은 어렵지 않은 일입니다. 말 한마디에 20만 냥을 얻는 것입니다. 만일 저쪽이 이긴다면 그가 비록 조카이지만 형수씨에게는 한 푼도 없을 것입니다.'

부인은 그 보배구슬에 탐을 내어 그것을 받았다.

저녁이 되어 다시 남편에게 말했다.

'어제 드린 말씀은 될 수 있는 일입니다. 유념하시기 바랍니다.'

장자는 단호하게 말했다.

'절대 그럴 수 없소. 나는 진실한 마음 하나로 평사가 되었소. 만일 한 번이라도 거짓말을 한다면 현세에서는 세상의 신용을 받지 못할 것이요. 후세에서는 한량없는 겁의 고통을 받을 것이요.'

그 때에 평사에게는 외아들이 있었는데 걷지 못하였다.

부인이 울면서 말하였다.

'나는 지금 당신과 부부로서 비록 죽는 일이 있더라도 서로 어기지 않기를 바라고 있습니다. 그런데 지금 이 부탁은 조그만 일입니다. 말 한번이면 될 일을 들어주지 않으신다면 나는 살아서 무엇하겠습니까. 만일 내 뜻을 따라 주시지 않는다면 나는 먼저 이 아기를 죽이고 다음에 나도 죽고 말겠습니다.'

평사는 이 말을 듣고 마치 목구멍에 무엇이 걸려 삼키지도 못하고 뱉지도 못하는 것 같이 괴로워하면서 가만히 생각하였다.

'내게는 이 아들 하나뿐이다. 만일 이 아이가 죽으면 내 재산을 물려줄 데가 없어질 것이다. 그렇다고 아내 말대로 하면 지금부터는 남의 신용도 얻지 못하고 저승에서는 한량없는 고통을 받을 것이다.'

한참을 고민하던 끝에 평사가 말했다.

'그리하겠소.'

아내는 못내 기뻐하여 그 상인에게 말하였다.

'평사가 허락하셨소.'

상인은 그 말을 듣고 기뻐하면서 집으로 돌아갔다.

상인은 보배 옷을 입고 금은으로 장식한 큰 코끼리를 타고 저자로 들어갔다.

장자의 아들은 화려하게 차린 그를 보고 생각하였다.

'저이의 옷과 코끼리를 보면 틀림없이 부자가 되었다. 나는 이제 돈을 받겠구나.'

장자의 아들이 그에게 말하였다.

'상주常主님, 전날 내게 진 빚을 이제 갚아 주십시오.'

상인은 놀라면서 말하였다.

'나는 전혀 기억이 나지 않는다. 언제 너에게 빚을 졌던가. 만일 빚을 졌다면 그 증인은 누구인가?'

장자의 아들이 말하였다.

'어느 달 어느 날, 우리 아버지와 내가 직접 당신에게 돈을 주었고 평사님이 우리를 위해 증인이 되셨는데 왜 모른다고 하십니까.'

상인은 말했다.

'나는 지금 기억이 나지 않는다. 만일 그것이 사실이라면 당연히 갚아야지.'

이내 둘은 함께 평사에게로 갔다.

장자의 아들은 말하였다.

'이 사람이 전날 우리 아버지에게서 돈 얼마를 빌어 갈 때에 백부

께서 증인이 되고 저도 보았습니다. 그렇지 않습니까?'

평사가 말하였다.

'나는 모르겠다.'

조카는 깜짝 놀라면서 말했다.

'백부께서는 분명히 듣고 보시지 않았습니까. 그리고 손과 발로 그 돈을 가리키면서 틀림없다고 말씀하시지 않았습니까.'

그러나 평사가 다시 말했다.

'그런 일이 없다.'

조카는 분개하여 말하였다.

'백부께서 충성스럽고 진실하기 때문에 왕이 평사를 시켰고 또 사람들이 신용하는 것입니다. 조카에게까지 그처럼 법답지 않은데 더구나 다른 사람으로서 원통한 사람이 얼마나 많겠습니까. 그러나 이 사실이 옳고 그름은 뒷세상 사람이 저절로 알 것입니다.'

부처님은 찾아온 이들에게 말씀하셨다.

"알고 싶은가. 그 때의 평사 장자는 바로 지금 그 귀도 눈도 없는 두루뭉숭이 만자비리니라. 그는 그 때의 한번 거짓말로 말미암아 큰 지옥에 떨어져 많은 고통을 받았고, 그 지옥에서 나와서는 5백 세상 동안 늘 두루뭉숭이의 몸을 받았다. 그러나 그 때에 장자의 아들은 보시하기를 좋아하였기 때문에 항상 부호의 집에 태어나 재물의 주인이 되었느니라.

이와 같이 선악의 갚음은 아무리 오래 되어도 없어지지 않는다.

그러므로 부디 부지런히 노력하여 몸과 말과 뜻을 잘 단속하여 함부로 악을 짓지 말아야 하느니라."

때에 대중들은 부처님 말씀을 듣고 깨달음을 얻는 이도 있었고 위없는 보리심을 내는 이도 있었다. 그리고 기뻐하면서 믿고 받들어 행하였다.

살생하지 않는 계를 지켜
목숨을 건진
중성비구

어느 때 부처님은 사위국 기수급고독원에 계셨다.

그 나라에 큰 장자가 있었는데 그는 한량없는 재물을 가지고 있었다. 그러나 아들이 없어 늘 근심하면서 천지신명에게 기도하여 아들을 구하였는데 그 정성이 지극하고 돈독하였다.

마침내 그 아내는 아이를 배어 달이 차서 사내를 낳았다. 아이는 단정하여 세상에 빛이 났다. 부모와 친척들은 때를 정해 큰 강가에 나가 잔치를 베풀고 모두 모여 술을 마시면서 즐거워했다.

그 부모도 아이를 데리고 모임에 나갔다. 아버지는 아이를 사랑하여 등에 업고 춤을 추었다. 아버지가 추고 나면 어머니가 받아 업고 춤을 추기를 계속하다가 차츰 강가에 이르렀을 때 갑자기 정신이 어지러워지면서 아이를 꼭 잡지 못해 그만 놓아 물에 떨어뜨렸다. 부모가 이내 물에 들어가 두루 찾아보았으나 찾지 못하였다. 부모는 아이를 잃고 비통한 나머지 까무러쳤다가 깨어나기를 반복하였다.

그러나 그 아이는 복과 덕이 있어 죽지 않았다. 강 복판에 이르러 떴다 잠겼다 할 때 고기가 아이를 집어 삼켰다. 아이는 고기 뱃속에 있으면서도 죽지 않았다.

강 하류에 어떤 작은 마을이 있었다. 거기에 큰 부잣집이 있었는데 그도 아들이 없어 갖가지로 애써 구하였으나 끝내 얻지 못하였다. 그는 항상 종을 시켜 고기를 잡아 팔게 하였고 종은 그 값을 주인에게 바치기로 하였다.

어느 날 종은 고기를 잡아 배를 갈랐다가 뱃속에서 얼굴이 단정한 아이를 보았다. 그는 기뻐하여 아이를 안고 가서 자기 주인에게 바쳤다.

주인은 아이를 보고 경사로이 여기면서 말하였다.

"우리 집에서는 오래 전부터 천지신명에게 기도하여 아이를 구하였다. 그 정성의 갚음으로 하늘이 내게 아이를 준 것이다."

그는 아이를 거두어 젖을 먹여 고이 길렀다.

윗마을의 부모는 아랫마을의 장자가 고기 뱃속에서 아이를 얻었다는 소문을 듣고 곧 그에게 가서 말하였다.

"이 아이는 우리 아이입니다. 나는 강에서 아이를 잃었습니다. 돌려주기 바랍니다."

장자는 대답하였다.

"우리 집에서는 오래 전부터 아이를 구해 기도하였소. 이제 신명이 그 갚음으로 이 아이를 내게 준 것이요. 그대가 잃어버린 아이는 지금 어디 있소?"

이들의 싸움이 끝이 나지 않자 왕에게 가서 판결을 구하였다.

아이를 낳은 부모가 말하였다.

"이 아기는 내 아이입니다. 나는 아무 때 저 강에서 아이를 잃었습니다."

그러자 장자가 말했다.

"나는 저 강에서 잡은 고기 뱃속에서 이 아이를 얻었습니다. 이것은 진실로 내 아이요, 저 사람이 낳은 아이는 아닙니다."

왕은 두 사람의 말을 듣고 고민에 빠졌다. 이윽고 왕이 말했다.

"그대 두 장자는 이 아이가 제각기 자기 아이라고 주장한다. 만일 지금 어느 한 사람에게 준다면 그것은 이치에 맞지 않는다. 그러므로 둘이서 같이 기르다가 아이가 장성하거든 각기 장가를 보내어 살림을 살게 하되 두 군데서 따로따로 살도록 하라. 그리고 이 집 며느리가 아이를 낳으면 이 집에 속할 것이요, 저 집 며느리가 아이를 낳으면 저 집에 속할 것이다."

두 장자는 왕의 분부를 따랐다. 그래서 아이가 장성하자 두 며느리를 맞이하였고 필요한 것을 모두 대어주어 모자람이 없게 하였다.

그 때 그 아들은 두 부모에게 아뢰었다.

"저는 세상에 나면서부터 고난을 당하여 물에 빠져 고기에 삼켰다가 죽음에서 겨우 살아났습니다. 지금 저는 지극한 마음으로 집을 떠나고자 합니다. 원컨대 부모님은 허락하여 주소서."

두 부모는 아이를 사랑하였기 때문에 거절하지 못하고 허락하여 주었다. 그는 부모에게 하직하고 부처님께 나아가 머리를 조아려 부처님 발에 예배하고 도에 들어가기를 구하였다.

부처님은 그를 칭찬하셨다.

"잘 왔구나, 비구여."

부처님이 허락하시자 그의 수염과 머리털은 저절로 떨어지고 곧 사문이 되어 이름을 중성重姓이라 하였다.

부처님은 그를 위하여 설법하셨다. 그는 온갖 고통이 없어지고 그 자리에서 아라한이 되었다.

아난다는 부처님께 사뢰었다.

"알 수 없나이다. 부처님이시여, 그 중성비구는 본래 어떤 업을 짓고 어떤 좋은 뿌리를 심었기에 이 세상에 나가 물에 떨어져 고기가 삼켰지만 그래도 죽지 않았나이까."

부처님은 말씀하셨다.

"먼 옛날 비파시인이라는 부처님이 계셨다. 그는 늘 대중을 모아 미묘한 법을 연설하셨다. 때에 어떤 장자가 그 모임에 와서 부처님에게 보시하는 복과 계율을 가지는 복의 법을 연설하시는 것을 듣고 못내 기뻐하고 믿는 마음이 불꽃같이 일어났다. 그는 곧 그 부처님에게 세 가지 귀의를 맹세하고 살생하지 않는 계율을 받았다. 그리고 다시 그 부처님께 돈 한 푼을 보시하였다. 그로 말미암아 세상에 날 때마다 복을 받아 재물과 보배를 마음대로 쓰되 모자람이 없었느니라."

부처님은 계속하여 아난다에게 말씀하셨다.

"그 때의 장자는 바로 지금의 중성비구니라. 그는 그때 부처님께 돈 한 푼을 보시하였으므로 91겁 동안 항상 재물이 많았고 금세에 와서는 두 집 부모가 필요한 것을 다 이바지하였으며, 살생하지 않는 계율을 받았기 때문에 물에 떨어져 고기가 삼켰어도 죽지 않았고, 세 가지 귀의를 맹세하였으므로 지금 내 세상을 만나 청정한 교화를 입어 아라한의 도를 얻었느니라."

그 때에 아난다와 대중들은 부처님 말씀을 듣고 그대로 선행을 닦았고 부처님의 가르침을 공경하고 존중하였으며 기뻐하면서 믿고 받들어 행하였다.

한 벌밖에 없는
옷을 벗어 보시한
가난한 부부

어느 때 부처님은 사위국 기수급고독원에서 제자들에게 설법하고 계셨다.

그 때 그 나라에는 한 장자가 있었는데 부인이 딸을 낳았다. 아이는 얼굴이 단정하고 뛰어나게 아름다워 짝할 이가 드물었다. 태어날 때 곱고 부드러운 흰 옷을 몸에 감고 태어났는데 부모는 이를 이상하게 여겨 사람을 불러 상을 보게 했다.

상을 보는 이가 말했다.

"매우 길吉한 일입니다. 아이에게 큰 복덕이 있습니다."

부모는 아이 이름을 숙리라 하였다.

숙리가 자라면서 용모가 뛰어났기 때문에 나라 안의 멀고 가까운 데서 서로 다투어 혼인을 청해 왔다.

부모 역시 숙리가 잘 자랐으니 시집을 보내야겠다고 생각하고 공인工人을 불러 영락을 만들었다.

숙리는 아버지에게 물었다.

"저 금과 은으로 두드려 만드는 것은 무엇에 쓰려는 것입니까?"

아버지가 대답하였다.

"너도 이제 장성했으니 시집을 보내야겠다. 그래서 팔찌를 만드는 거란다."

"저는 집을 떠나 도를 배우렵니다. 시집가긴 싫습니다."

부모는 딸을 기특하게 여겨 그 뜻을 어기지 않고 곧 천을 꺼내어 다섯 가지 법복을 지으려고 하였다.

숙리가 그것을 보고 물었다.

"무엇을 만들려 하십니까?"

"너의 법복을 만든다."

"제가 입은 이 옷으로 넉넉합니다. 따로 지을 것은 없습니다. 원컨대 곧 부처님께 가는 것을 허락하여 주소서."

부모는 그를 데리고 부처님께 나아가 땅에 엎드려 예배하고 출가하기를 청하였다.

부처님께서 말씀하셨다.

"잘 왔다."

말씀이 있자마자 숙리의 머리카락은 저절로 떨어지고 입고 있던 흰 옷은 이내 다섯 가지 법복이 되었다. 부처님은 숙리를 대애도大愛道에게 맡겨 비구니를 만들었다. 그녀는 정진한 지 오래지 않아 아라한의 도를 이루었다.

아난다는 부처님께 사뢰었다.

"숙리 비구니는 본래 어떤 공덕을 지었기에 장자 집에 태어나면서 날 때부터 옷을 입고 났사오며, 집을 떠난 지 오래지 않아 아라한의 도를 얻었나이까?"

부처님은 말씀하셨다.

"먼 옛날 비파시인 부처님이 세상에 나와 제자들과 함께 일체 중생을 제도할 때에 국왕과 백성들은 많은 공양을 베풀고 반차우슬(5년마다 한 번씩 여는 보시대회)을 지었다.

그 때에 어떤 비구는 사람들에게 항상 권선勸善을 다니면서 부처님께 나아가 법을 듣고 보시하기를 권하였다.

때에 다니라는 여자가 있었다. 그녀는 너무 가난하여 옷 한 벌을 가지고 남편과 함께 번갈아 입고 지냈다. 남편이 밖에 나갈 때 옷을 입고 가면 아내는 나체로 풀 자리에 앉아 있었고 또 아내가 옷을 입고 나가 구걸할 때는 남편이 홀랑 벗은 채 풀 자리에 앉아 있었다.

권선하는 비구는 차례로 다니다가 그 집에 이르러 여자를 보고 권하였다,

'부처님이 세상에 나오심을 만나기도 어렵고 경법을 듣기도 어려우며 사람의 몸을 얻기도 어렵다고 합니다. 당신은 법을 듣고 보시를 하시오.'

여자는 스님을 잠깐 머무르게 한 다음 집안으로 들어가 남편에

게 말하였다.

"밖에 어떤 사문이 와서 우리에게 부처님을 뵈옵고 법을 듣고 보시하기를 권하고 있습니다. 우리는 전생에 보시하지 않았기 때문에 이처럼 빈궁하게 되었습니다. 지금 우리는 무엇으로 후생의 밑천을 만들어야 하겠습니까?"

남편은 대답하였다.

'우리 집이 이처럼 빈곤한데 설령 마음이 있다 한들 무엇으로 보시하겠소.'

아내가 말하였다.

'전생에 보시하지 않았기 때문에 지금 이처럼 곤궁한데 금생에 또 심지 않으면 후생에는 어디로 가겠습니까. 당신만 허락하면 나는 기어코 보시하겠습니다.'

남편은 아내에게 혹 따로 모아둔 재산이라도 있을지 모른다고 여겨 말하였다.

'좋소, 보시하고 싶으면 곧 하시오.'

아내는 당장 말했다.

'나는 이 옷을 보시하고 싶습니다.'

남편이 놀라 말했다.

'우리는 이 옷 한 벌로 나눠 입으면서 구걸하여 살아가는데 이것마저 보시하면 우리는 죽는 길밖에 없는데 어찌하려 하시오.'

'사람은 다 죽는 것입니다. 지금 보시하지 않더라도 마지막에 죽을 것입니다. 그럴 바에야 차라리 지금 보시하고 죽으면 후생의 보

람이라도 있겠지만 지금 보시하지 않고 죽으면 후생에는 반드시 고생이 있을 것입니다.'

남편은 기뻐하면서 말했다.

'그렇다면 우리는 죽음을 나누어 보시하는 것이오.'

아내는 밖으로 나가 비구에게 아뢰었다.

'스님, 저 담 밖에 나가 기다리십시오. 물건을 가져다 드리리다.'

비구는 말하였다.

'만일 보시하려면 내 면전에서 보시하십시오. 당신을 위해 축원하리다.'

'내게는 다만 이 입은 옷뿐이요, 이 속에는 다른 옷이 없습니다. 여자 몸은 더럽습니다. 면전에서는 벗을 수 없습니다.'

그녀는 안으로 들어가 입은 옷을 벗어 담 밖으로 넘겨 비구에게 주었다.

비구는 축원하고 그것을 가지고 부처님께로 갔다.

부처님은 말씀하셨다.

'그 옷을 이리 가져 오너라.'

비구가 옷을 드리니 부처님은 손수 그 때 묻은 옷을 받으셨다.

거기 있던 대중들은 '부처님께서 때 묻은 옷을 직접 받으시는구나' 하고 생각하며 마음으로 꺼리었다.

부처님은 그들의 마음을 아시고 말씀하셨다,

'나는 생각하건대 이 모임의 어떠한 청정한 큰 보시도 이 옷의 보시보다 나은 것이 없다.'

대중은 부처님의 말씀을 듣고 놀라워했다.

이 이야기를 들은 성중의 부인들은 기꺼이 자기가 입고 있던 영락으로 장식한 보배 옷을 벗어 다니가에게 보내 주었다. 왕도 기뻐하며 자신이 입었던 옷을 그 남편에게 보내고는 그들에게 법회에 나올 것을 전하였다. 그때 비파시인 부처님은 대중을 위해 미묘한 법을 널리 연설하였는데 대중 가운데 제도를 받은 이가 많았느니라."

부처님은 아난다에게 말씀하셨다.

"너는 알아야 하느니라. 그 때의 빈궁한 여자 다니가는 바로 지금의 저 숙리 비구니이니라. 그는 그 때 청정한 마음으로 옷을 보시하였기 때문에 91겁 동안 태어나는 곳마다 항상 옷을 입고 나와 모자람이 없었고, 구하는 것은 모두 뜻대로 되었다. 그리고 그 부처님을 만나 깊고 묘한 법을 듣고 해탈하기를 원하였으므로 지금 나를 만나 아라한이 되었느니라. 그러므로 너희들은 부지런히 정진하여 법을 듣고 보시하여야 하느니라."

부처님께서 이렇게 말씀하실 때 도를 얻은 이가 많았고 그들은 모두 기뻐하여 받들어 행하였다.

베풀고 계를 지켜 행복한 수행의 길로 접어들다

보시와 지계로
천상에 태어난
노모

어느 때 부처님은 아리제국에 계셨다.

그 때 나라에는 어떤 장자가 있었다. 그는 재물과 보배가 많았으나 간탐하고 포악하여 인자한 마음이 없었다.

그 집에는 한 여종이 있었는데 이른 새벽에서 밤 늦게까지 일에 쫓기어 잠시도 쉴 사이가 없었다. 조금만 잘못이 있어도 매를 맞았고 옷은 몸을 가리지 못하고 먹는 것은 배를 채우지 못하였다. 나이 많고 피곤하여 죽고 싶었으나 죽을 수도 없었다.

어느 날 여종은 병을 가지고 강으로 나가 물을 긷다가 자신의 고생을 생각하고는 목을 놓아 통곡했다.

때에 비구 카차야나가 거기 와서 물었다.

"노모는 어찌하여 그처럼 슬피 울면서 괴로워하십니까?"

"스님, 나는 이미 늙었는데 언제나 고역에 시달리고 게다가 빈궁하여 입고 먹는 것이 넉넉하지 않아 죽고 싶으나 죽을 수도 없습니다. 그래서 우는 것입니다."

"그렇게 가난하면 왜 그 가난을 팔지 않습니까?"

"가난을 어떻게 팔 수 있습니까. 누가 가난을 사겠습니까."

"가난을 파는 길이 있습니다."

"스님, 가난을 어떻게 팝니까?"

"참으로 팔고 싶으면 꼭 내 말을 들어야 합니다."

"예 듣겠습니다."

"먼저 목욕을 하십시오."

노모가 목욕을 마치자 카챠야나는 말하였다.

"당신은 보시하여야 합니다."

"스님, 나는 하도 빈곤하여 지금 내게 손바닥 만한 성한 옷도 없습니다. 여기 이 병이 있지만 이것은 장자댁 것이니 무엇을 보시해야 하나이까?"

카챠야나는 곧 바리를 주면서 말했다.

"이 바리에 깨끗한 물을 조금 떠 오십시오."

노파는 시키는 대로 물을 떠다가 카챠야나에게 바쳤다.

카챠야나는 그것을 받고 노모를 축원하고는 재계를 가르치고 염불의 갖가지 공덕을 가르쳤다.

그리고 노모에게 물었다.

"달리 잠자는 데가 있습니까?"

"없습니다. 맷돌질 할 때에는 맷돌 밑에 자다가 일어나 밥 짓는 일을 하고는 다시 그 밑에 누워 자고, 맷돌일이 없을 때에는 쓰레기

더미 위에서 잡니다."

"당신은 마음을 잘 가지고 부지런히 일하되 꺼리거나 원통한 생각을 내지 마십시오. 그리고 주인집에서 모두 잠든 때를 기다려 가만히 지계 문을 열고 그 지계 문 모퉁이에 깨끗한 풀을 깔고 앉아 부처님을 관觀하고 생각하면서 부디 나쁜 생각을 내지 마십시오."

노파는 분부를 받고 집에 돌아가 그대로 행하였다.

그러다가 새벽이 되어 곧 목숨을 마치고 도리천에 태어났다.

주인은 아침에 일찍 일어나 종이 죽어 있는 것을 보고 크게 성을 냈다.

'이 집 안에는 종이 들어오지 못하게 되어있는데 어째서 지난밤에 여기서 죽었는가.'

주인은 죽은 노모의 시체를 새끼로 다리를 매어 차가운 숲에 내다 버렸다.

때에 저 하늘 화려한 궁전에 어떤 천자가 5백 명 권속을 거느리고 있었는데 그가 복이 다해 목숨을 마치고는 이 노모가 그 자리를 대신하였다.

하늘에 태어남에 근기가 날카로운 사람은 제가 거기 와서 난 인연을 알지만 근기가 둔한 사람은 그것은 모르고 다만 향락만 누릴 줄 안다. 그 때에 노모도 하늘에 태어났지만 5백 천자들과 향락만 누릴 줄 알았지 제가 거기 와서 난 인연은 알지 못하였다.

사리불은 도리천에 있다가 노모가 하늘에 와서 난 인연을 알고 노모에게 물었다.

"노모여, 당신은 어떤 복으로 이 하늘에 났습니까?"

그녀는 대답하였다.

"모르겠습니다."

사리불은 도의 눈을 빌려주어 그녀의 전생 몸이 하늘에 난 인연을 보여주었다.

그녀는 카챠야나로 말미암아 곧 5백 천자들을 데리고 차가운 숲으로 내려와 꽃을 흩고 향을 사르면서 그 시체를 공양했다. 이 때에 여러 하늘들의 광명은 마을과 숲을 비추었다.

장자는 그 변괴를 보고 이상히 여겨 여러 사람들에게 명령하여 숲으로 나가 살펴보았다. 그는 여러 천자들이 시체를 공양하는 것을 보고 천자들에게 물었다.

"그 종은 더럽습니다. 살았을 때에도 사람들이 보기조차 싫어하였는데 더구나 지금은 죽은 시체입니다. 어찌하여 천자들이 거기에 공양까지 하십니까?"

천자들은 그가 천상에 나게 된 인연을 자세히 설명하고 곧 카챠야나에게로 돌아갔다. 때에 카챠야나는 여러 천자들을 위해 묘한 법을 설하였다. 이른바 보시와 계율과 천상에 나는 데 대한 법이었다. 천자와 5백 권속들은 번뇌를 멀리 떠나고 법 눈이 깨끗하게 되어 천궁으로 돌아갔다.

때에 거기 모인 대중들은 이 법을 듣고 모두 도를 얻었으며 모두 기뻐하여 받들어 행하고 예배하고 떠나갔다.

배풀고 계를 지켜 행복한 수행의 길로 접어들다

십선업

살생하지 말고 죽어가는 생명을 살려라

도둑질 하지 말고 어려운 이웃에게 보시하라

사음하지 말고 청정한 마음을 지녀라

거짓말 하지 말고 참되고 바른 말 하라

삿된 말을 하지 말고 진실한 말을 하라

말로 이간시키지 말고 화합시키는 말을 하라

남을 저주하거나 비방하지 말고 선한 말을 하라

헛된 욕심과 지나친 탐욕을 내지 말라

뜻대로 되지 않는다고 화내지 말라

인과를 믿고 어리석지 말라

제5장

비우고
버리는 것이
공부의 출발이다

빔비사라왕의 아우가
부처님께 공양을 청하다

　어느 때 부처님은 라자그리하의 죽림정사에서 천이백오십 비구들과 함께 계셨다.

　때에 빔비사라왕은 깨달음의 길에 들어와서 부처님을 믿고 공경하는 마음이 더욱 독실해졌다. 항상 부처님과 비구 스님들을 공양하였고 필요한 물품을 베풀었다. 그리고 백성들과 착한 일 하기를 즐기고 백성들에게 불법을 권하고 지도하였다.

　그 때 나라에 푸우라나카아샤파 등 여섯 외도의 스승이 있었다. 그들은 일찍부터 세상에 나와 삿된 소견과 뒤바뀐 주장으로 사람들을 속이고 유혹하였으므로 어리석고 어두운 무리들은 그 사교를 믿고 또 널리 퍼뜨려 나쁜 무리들이 나라에 가득 찼다.

　빔비사라왕에게는 아우가 있었다. 그는 그 여섯 스승들을 공경히 받들면서 그들의 삿된 소견을 믿고 혹하여 거기에 참된 도가 있다고 하며 가산을 그들에게 바쳐 온 터였다.

형인 빔비사라왕은 아우를 매우 사랑하고 소중히 여겼으므로 은근한 마음으로 타일러 부처님을 믿게 하려 하였지만 아우는 그 삿된 이치를 고집하여 왕의 말을 따르지 않았다.

또 왕이 부처님을 청해 공양하라고 이르면 아우는 말했다.

"내게는 따로 스승이 있으므로 새삼스레 고오타마를 받들 수 없습니다."

그러나 왕의 명령이라 차마 거역할 수 없어 말하였다.

"제가 큰 모임을 베풀어 그 때 오는 사람은 제한하지 않겠습니다. 만일 부처님과 일행이 스스로 온다면 나는 그들을 공양하겠습니다."

그는 왕의 허락을 받고 공양할 거리를 장만하고 자리를 펴는 등 모임의 준비를 마쳤다. 그는 사람을 보내어 여섯 스승을 불렀다. 그들은 모두 모여와 윗자리에 앉았다. 그러나 부처님과 스님들은 오지 않았다.

이를 이상히 여긴 그가 왕에게 가서 아뢰었다.

"왕께서 전에 여러번 고오타마를 청하라고 분부하였습니다. 그래서 지금 그를 위해 공양을 베풀었습니다. 그러하온데 어찌하여 때가 다 되었는데 그들은 오지 않습니까?"

왕은 아우에게 말하였다.

"만일 네가 직접 가서 청하지 못한다면 사람을 보내어 때가 되었다고 여쭈어라."

아우는 분부를 받고 사람들을 보내어 사뢰었다.

때에 부처님이 대중을 데리고 모임에 오셨다. 그 여섯 스승이 윗자리에 먼저 앉아 있는 것을 보시고 부처님과 스님들은 밑자리에 차례로 앉았다.

그 때에 부처님은 신통으로써 그 여섯 스승과 제자들을 갑자기 아랫줄에 있게 하였다. 여섯 스승들은 이를 창피하게 여겨 제각기 일어나 위로 자리를 옮겼다. 그러나 앉고 보면 도로 그 아래에 있었다.

이렇게 두 번 세 번 자리를 옮겨 위로 올라갔으나 여전히 자기들 몸은 아래에 있는 것이었다. 그들은 어찌할 수 없어 머리를 숙이고 앉아 있었다.

시주를 한 단월들이 손 씻을 물을 돌릴 때에 윗자리에 먼저 오자 부처님은 그 시주에게 말씀하셨다.

"너희 스승에게 먼저 돌려라."

시주가 물을 가지고 스승 앞에 가서 초롱을 들고 물을 따르려 하면 초롱 주둥이는 저절로 막혀 물이 나오지 않았다. 그래서 도로 부처님 앞으로 가서 부처님을 비롯해 차례로 돌리면 그제야 물이 나왔다. 그래서 모두 손을 씻을 수 있었다.

손을 씻은 다음 축원祝願을 받을 때가 되었다. 단월들은 밥을 가지고 윗자리에 이르렀다.

부처님은 말씀하셨다.

"본래 우리를 위한 것이 아니니 너희 스승 앞에 가서 그들로 하여금 축원을 하게 하라."

그 분부를 받고 단월들이 여섯 스승 앞으로 갔는데 여섯 스승은 입이 닫혀 말을 할 수가 없었다. 그래서 제각기 손을 들어 부처님을 가리켰다. 부처님은 곧 웅장하고 맑은 음성으로 축원하셨다.

축원을 마친 다음 음식을 돌릴 때가 되어 윗자리에서 차례로 돌리려 하자 부처님은 또 말씀하셨다.

"너희들 스승에게 먼저 올려라."

단월들이 음식을 가지고 가서 여섯 스승으로부터 시작해 돌렸다. 그러자 음식이 갑자기 공중에 떠올라 각기 그 머리 위에 떠있었으므로 누구도 먹을 수가 없었다. 그래서 부처님과 스님들에게 밥을 다 돌리고 나니 음식은 도로 내려와 각각 제 앞에 놓여 있었다.

부처님과 스님들과 대중들의 식사가 끝났다. 바리를 씻고 양치질 한 뒤에 도로 앉아 설법할 때가 되었다.

부처님은 단월들에게 말씀하셨다.

"너희 스승에게 설법하게 하라."

그들은 이내 여섯 스승에게 설법을 청하였으나 그들은 또 입이 닫혀 모두 손을 들어 부처님을 가리켰다.

그 때에 부처님은 대중을 위하여 부드러운 음성으로써 법의 성품과 그 이치를 분별해 연설하시어 그들의 뜻에 맞게 하셨다. 그들은 모두 설법을 듣고 마음이 열리었다.

때에 범비사라왕의 아우는 법 눈이 깨끗하게 되었고, 그 밖의 사람들은 깨달음의 길에 들었고, 출가하여 번뇌가 없어졌고, 위없는 도의 마음을 내어 물러나지 않는 자리에 머물렀으며, 그 마음의 사모하는 바를 따라 모두 원을 성취하였다. 그래서 각각 참다운 이치를 알고 삼보를 믿어 공경하였다. 그리고 그 여섯 스승을 천하게 여겨 다시는 받들어 공양하지 않았다.

여섯 외도의
도전을 물리치고 위없는
신력을 보이시다

·····🌸·····

여섯 외도는 오랫동안 자신들을 따르던 빔비사라왕의 아우가 부처님에게로 귀의하자 매우 화가 났다. 그들은 제각기 한적한 곳으로 가서 기이한 술법을 배웠다. 즉 공중을 날아다니면서 몸에서 물과 불을 내기도 하고 몸을 여러 개로 나누는 등 백 가지로 변화를 부렸다. 그러자 어리석은 무리들은 다시 그들을 믿고 받들었다.

그들은 전날 부처님으로부터 창피를 당하고 공양을 잃은 것을 분히 여겨 한데 모여 의논하였다.

"이제 우리 술법은 고오타마보다 못하지 않다. 우리가 전에 한 번 욕봄으로 해서 사람들의 마음이 떠나고 흩어졌다. 그러나 이제 우리들의 신술로 나타나는 기묘한 변화를 보면 넉넉히 저들을 항복받을 수 있으니 국왕에게 나아가 저들과 한 번 승부를 판가름하도록 해 보자."

이렇게 결의하고 왕에게 나아가 자기들의 지혜와 신통과 영술靈

術을 설명하였다.

"왕이시여, 우리가 저 사문과 신기한 변화를 부려 시험해 보면 누가 진짜인지 가부가 저절로 나타날 것입니다."

왕은 웃으면서 말하였다.

"너희들은 어찌 그리 어리석은가. 부처님의 덕은 넓고 크며 신통은 걸림이 없다. 너희들이 겨루어 본다는 것은 마치 반딧불로 해와 빛을 겨루고 소 발자국 물로 바다와 크기를 견주며, 여우 힘으로 사자와 용맹을 다투고, 개미 밥으로 수미산과 높이를 겨루려는 것과 같아서 크고 작은 형상은 차별이 환한데 어리석고 혹하여 크게 계획하니 어찌 그리도 어리석은가."

여섯 외도가 다시 말하였다.

"일은 겪어 본 뒤에라야 아는 것입니다. 대왕은 우리들의 뛰어난 변화를 보지 못하고 편벽된 마음으로 저쪽만 장하다고 말하지만 한번 시험해 보면 크고 작은 것은 저절로 결정될 것입니다."

왕은 다시 말하였다.

"겨루어 보고 싶으면 겨루어 보라. 그러나 다만 너희들이 스스로 욕을 부를까 걱정이다. 그런데 만일 부처님과 신통을 다투려거든 우리가 모두 같이 그것을 참관하도록 하리라."

여섯 외도가 말하였다.

"이레 뒤로 날을 정하겠습니다. 원컨대 대왕은 시합할 장소를 잘 손보아 놓으소서."

왕은 여섯 외도가 떠난 뒤 부처님께 나아가 그 사실을 아뢰었다.

"저 여섯 외도가 부처님과 신술을 시험해 보겠다고 시끄럽게 굴기 때문에 이치로써 나무랐지마는 그들은 단념하지 않나이다. 원컨대 부처님께서는 신력을 떨치시어 저 사악邪惡을 항복받으소서. 그러면 그들도 선善으로 돌아올 것입니다."

부처님은 말씀하셨다.

"내가 때를 알아 하리라."

왕은 부처님이 신통을 겨루겠다고 허락하심을 알고 곧 신하들에게 명령하여 넓은 곳을 편편하게 닦고 좌상座床을 벌려 놓고 온갖 당기와 번기를 세우고 꽃과 구슬을 꿰어 장엄하고 화려하게 꾸며 놓았다. 그리고 사람들은 모두 그 날을 기대하였다.

그런데 부처님은 그 전날 스님들을 데리고 라자그리하성을 나와 바이샬리로 가셨다. 바이샬리의 여러 율사들은 사람들을 데리고 나와 부처님 일행을 맞이하였다.

다음 날이 되어 부처님이 바이샬리로 가신 줄 알게 된 여섯 외도들은 떠들며 외쳤다.

"우리는 오래 전부터 고오타마의 지혜와 도술이 보잘 것 없는 줄을 알고 있었다. 그러나 사람들은 의심하면서 우리 말을 믿지 않았다. 막상 술법을 다툴 기일이 되자 제가 이기지 못할 줄 알고 그만 바이샬리로 도망쳐 버렸다."

그들은 더욱 뽐내면서 서로 이끌고 바이샬리로 갔다.

때에 빔비사라왕은 음식을 준비하여 신하들과 무리를 이끌고 부처님을 따라 앞뒤로 줄을 지어 바이샬리에 모였다.

여섯 외도들은 다시 율사들에게 일렀다.

"우리가 저 고오타마와 신력을 시합하는 것을 허락하시고 만일 보고 들으려거든 이레 뒤에 오십시오."

때에 율사들이 다시 부처님께 가서 사뢰었다.

"저 여섯 외도들은 어리석어 스스로 도가 있다고 일컬으면서 부처님과 신력을 다투려고 하나이다. 원컨대 부처님께서는 신력을 보이시어 항복 받으소서."

부처님은 말씀하셨다.

"내가 때를 알아 하리라."

율사들은 신하들을 데리고 빔비사라왕처럼 시합 장소를 준비하였다. 그리고 사람들은 모두 그 날이 오기를 기대하였다.

그러나 부처님은 하루 전날 제자들을 데리고 코삼비국으로 떠나셨다. 코삼비의 우다야나왕은 신하들을 데리고 나와 부처님을 맞이하였다.

이튿날 새벽에 바이샬리 사람들은 부처님을 찾았으나 부처님은 이미 코삼비국으로 떠나신 뒤였다. 이 말을 들은 여섯 외도들은 더욱 교만하여져서 그들의 무리를 한데 모아 어디까지나 쫓아가려 하였고 율사들은 음식을 준비하여 오색 수레에 싣고 부처님을 공양하려고 많은 대중을 거느리고 빔비사라왕과 함께 코삼비에 모여 부처님과 여섯 스승이 신력을 시험하는 것을 보려고 앞뒤로 줄을 지어 길을 메우며 갔다.

부처님이 길을 미리 떠났지만 그들의 도전은 지칠 줄 모르고 이어졌다. 계속해서 그들은 월기국에서 부처님을 놓쳤고, 특차시리에서도 마찬가지였으며, 바라나시에서도 뵙지 못하였고, 카필라국에서도 부처님은 떠나신 후였다.

이제 부처님은 제자들과 함께 슈라바스티국으로 가셨다. 슈라바스티국의 프라세나지트왕은 신하들을 데리고 모두 나와 일행을 맞이하였다. 그리고 이전에 부처님이 들르셨던 곳의 대중들과 빔비사라왕 등은 함께 강을 건너고 들을 메우면서 슈라바스티로 따라갔다.

이 소문을 들은 여섯 외도들도 슈라바스티국으로 갔다. 그들은 프라세나지트왕을 만나 그 동안의 사정을 자세히 말하였다.

"우리는 고오타마와 신력을 겨루려 하였으나 기일만 되면 그는 도망쳐 붙잡을 수 없었습니다. 그래서 지금 대중들과 함께 왕의 나라까지 쫓아온 것입니다. 대왕은 그를 시켜 우리와 대결하도록 하십시오."

프라세나지트왕은 웃으면서 말하였다.

"부처님의 뛰어나신 신력은 헤아리기 어렵거늘 어떻게 너희들의 그 비루하고 못남으로써 큰 법왕과 힘을 겨루려 하는가."

여섯 외도들은 화를 참지 못하고 말소리가 거칠어졌다.

프라세나지트왕이 나아가 부처님을 뵈옵고 사뢰었다.

"저 여섯 외도들이 저처럼 간곡하게 청하나이다. 원컨대 부처님께서는 신통을 보이시어 저들을 항복받아 일체 대중들로 하여금 거짓과 참을 분별하게 하소서.”

부처님은 말씀하셨다.

“내가 때를 알아 하리라.”

프라세나지트왕은 곧 신하들에게 명령하여 회장을 편편하게 만들고 향과 꽃을 많이 쌓고 좌상을 벌여 놓고 온갖 깃대를 세워 장엄한 준비를 끝냈다.

섣달 초하룻날 드디어 대중들이 모두 모였다.

프라세나지트왕은 그 날 이른 새벽에 부처님께 공양하고 손수 양지(楊枝-버들가지로 만든 이닦이)를 올렸다. 부처님은 그것을 받으시고 나머지를 땅에 던졌다. 그러자 그것은 곧 살아나서 무럭무럭 자라더니 줄기는 높이 뻗어 5백 유순由旬이요, 가지와 잎은 구름처럼 퍼져 그 둘레도 또한 그와 같았다. 거기서 다시 꽃이 피어 크기는 수레바퀴와 같고 또 열매가 맺어 크기는 다섯 말 크기의 병과 같았다.

나무의 뿌리와 줄기, 가지, 잎사귀는 순전히 일곱 가지 보배로 되었고, 여러 가지 빛깔은 휘황찬란하였으며, 그 빛깔은 광명을 내어 해와 달을 가리었다. 열매를 먹으면 맛나기가 단이슬같고 향기는 사방에 퍼져 향기를 맡으면 마음이 즐거워졌다. 향기로운 바람이 불어와 가지와 잎사귀가 부딪치면 모두 화창한 소리를 내며 미묘한 법을 연설하여 듣는 사람은 싫증이 나지 않았다.

사람들은 이런 나무의 변화를 보고 부처님을 공경하고 믿는 마

비우고 버리는 것이 공부의 출발이다

음이 더욱 순수하고 두터웠다. 이 때 부처님은 그들의 뜻에 맞추어 설법하셨다. 대중들은 모두 법을 이해하였고 부처님께 귀의하는 수많은 사람들은 천상에 나는 큰 결과를 얻었다.

둘째 날에는 우다야나왕이 부처님을 청하였다.

부처님은 양쪽에 두 보배 산을 만드시매 그 장엄은 볼 만하였다. 그것은 온갖 보배로 되어 오색 찬란하고 광명은 휘황하였다. 여러 가지 나무는 산 위에 줄을 지어 섰고 꽃과 열매는 무성하며 미묘한 향기를 내었다.

한쪽 산 위에는 쌀이 누렇게 익어 부드럽고 아름다우며 온갖 맛은 모두 달아 입에 맞았다. 그래서 사람들은 기뻐하며 마음대로 그것을 먹었다. 다른 한쪽 산 위에는 부드럽고 연한 풀이 살지고 맛나 축생을 기르는데 부족함이 없었다. 대중들은 신기한 산의 모습을 보고 공양한 뒤에 모두 기뻐하면서 부처님을 우러러 사모하는 정이 더욱 깊었다.

부처님은 대중들의 뜻에 맞도록 설법하셨다. 그들은 모두 법을 이해하여 위없는 마음을 내었고 수많은 사람이 천상에 나는 결과를 얻었다.

셋째 날에는 둔진타라왕이 부처님을 청하여 공양하고 깨끗한 물을 받들어 양치질하시기를 기다렸다. 부처님이 물을 뱉어 버리시매 거기에서 보배 못이 되어 사방 둘레는 각각 2백리요, 일곱 가지 보배로 바뀌어 온갖 빛깔은 서로 비치고 광명은 찬란하였다.

못 가운데 물은 여덟 가지 공덕을 갖추었고 물 밑에는 일곱 가지 보배모래가 두루 깔렸다. 여덟 가지 연꽃은 크기가 큰 수레바퀴 같았고, 파랑·노랑·빨강·흰색·보라색의 빛으로 바뀌었다. 향기로운 향기는 사방에 멀리 퍼지며 그 연꽃 빛깔을 따라 제각기 광명을 놓아 그 광명은 천지를 휘황하게 하였다. 대중들은 보배 못의 기묘한 것을 보고 기뻐하면서 부처님의 한량없는 덕을 칭송하였다.

부처님은 대중들의 마음을 관찰하시고 방편으로 설법하시어 모두 이해하여 위없는 마음을 내게 하셨다. 그들은 하늘에 태어날 과보를 얻어 복업을 더한 이가 헤아릴 수 없이 많았다.

넷째 날에는 인타바미왕이 부처님을 청하였다.

부처님은 그 날 그 보배 못 사방에 저절로 여덟 개 도랑물이 흘러 다시 못에 들어가게 하셨다. 물이 흐르는 소리는 맑고 아름다우며 다섯 가지 뿌리, 다섯 가지 힘, 일곱 가지 깨달음, 여덟 가지 길, 세 가지 밝음, 여섯 가지 신통, 네 가지 평등한 마음과 큰 자비를 연설하게 하였다. 갖가지 법을 듣고 보는 대중들은 모두 마음이 열리어 부처님께 귀의하였고 천상에 날 과보를 얻어 복과 지혜를 쌓은 이가 매우 많았다.

다섯 째 날에는 브라흐마닷타왕이 부처님을 청해 공양하였다.

부처님은 그 날 입에서 광명을 놓으시매 황금빛이 휘황하여 대천세계를 두루 비추고 그 광명에 부딪친 일체 중생들은 세 가지 독과 다섯 가지 쌓임이 모두 저절로 사라지고 몸과 마음이 시원하고 즐거워져 마치 비구가 셋째 선정을 얻은 것과 같았다. 대중들은 이상하다고 칭송하면서 부처님 덕을 마음으로 사모하였다.

부처님은 그들을 위해 설법하셨다. 그들은 모두 법을 이해하고 큰 도의 마음을 내어 천상에 날 과보를 얻었고 복을 더하고 지혜를 닦은 이가 매우 많았다.

여섯째 날에는 바이샬리왕이 부처님을 청하였다.

부처님은 그 날 모임의 일체 중생으로 하여금 마음과 마음을 서로 알게 하였다. 그래서 한 사람이 각각 여러 사람의 마음을 알며 생각하는 선악과 뜻의 업행을 모두 알게 되자 그들은 모두 놀라고 기뻐하면서 부처님의 덕을 칭송하였다.

부처님은 그들을 위해 여러 가지 묘한 법을 연설하셨다. 그들은 모두 이해하게 되어 부처 되기를 맹세하였고 천상에 날 과보를 얻은 이가 매우 많았다.

일곱째 날에는 석가 종족들이 부처님을 청하였다.

부처님은 그 날 대중들로 하여금 모두 전륜성왕을 보게 하였다. 그래서 그들은 일곱 가지 보배와 1천 왕자와 여러 왕의 신민들이 그를 공손히 받들며 모시고 우러르는 마음이 줄지 않음을 모두 보았다. 그들은 놀랍고 기이하게 여기면서 한량없이 기뻐하였다.

부처님은 곧 그들 뜻에 맞추어 설법하셨다. 그들은 위없는 바른 깨달음의 마음을 내었으며 천상에 날 과보를 얻는 이가 헤아릴 수 없이 많았다.

여덟 째 날 부처님은 제석의 청을 받았다. 제석은 부처님을 위해 사자좌師子座를 만들었다. 부처님이 자리에 올라앉으시매 제석은 왼쪽에 모시고 범왕은 오른쪽에 모셨으며 모든 대중들은 고요히 좌정하였다.

부처님이 천천히 팔을 펴 손으로 자리를 만지시니 갑자기 큰 소리가 있어 코끼리의 외침 같았다. 그 때 큰 귀신 다섯이 여섯 외도의 높은 자리를 끌어내어 부수어 버렸다. 그리고 금강밀적金剛密迹은 금강저金剛杵를 잡았는데 그 금강저 끝에서 불이 일어나 여섯 외도들을 잡아 치려 하였다. 여섯 외도들은 놀라 달아나다가 욕을 당함을 부끄러워하여 강물에 몸을 던져 죽었다. 그리고 여섯 외도의 무리 7억은 모두 부처님께로 와서 귀의하여 제자가 되기를 청하였다.

부처님은 무리들에게 말하셨다.

"어서 오너라. 비구들이여."

부처님의 말씀이 마치자마자 그들의 수염과 머리는 저절로 떨어지고 법복은 몸에 입혀져 모두 사문이 되었다. 부처님은 그들을 위해 설법하여 미묘한 법을 보이시매 그들은 번뇌가 없어지고 결박이 풀려 모두 아라한이 되었다.

그 때에 부처님은 8만 털구멍에서 다 광명을 놓아 허공에 두루 찼다. 낱낱 광명 끝에는 큰 연꽃이 있고, 낱낱 연꽃 위에는 화불化佛이 있어 대중에 둘러쌓이고 설법하였다. 대중들은 이 위없는 조화를 보고 믿고 공경하는 마음이 더욱 융성하였다.

부처님은 그들을 위하여 설법하셨다. 그들은 그 응하는 바를 따라 큰 마음을 내거나 천상에 날 과보를 얻거나 복과 선善을 대하거나 하는 이가 매우 많았다.

아홉째 날에는 범왕이 부처님을 청하였다.

부처님은 스스로 몸을 변화시켜 높이는 범천에 이르고 위엄은 번듯하고 의젓하여 헤아리기 어려우며 큰 광명을 놓아 천지가 휘황하였다. 대중들은 우러러보며 모두 그 말씀을 들었다.

부처님은 그들을 위하여 여러 가지 미묘한 법을 열어 보여 그들로 하여금 마음을 내어 부처를 찾게 하셨다. 그들 중에는 천상에 날 과보를 얻은 이가 헤아리기 어려웠다.

열째 날에는 사천왕이 부처님을 청하였다.

그 때 부처님은 대중들로 하여금 부처님의 색신色身이 모든 하늘에 두루 계심을 보게 하셨다. 사왕천에서 색구경천色究竟天에 이르기까지 모두 부처 몸을 나타내어 큰 광명을 놓으면서 각각 대중들을 위하여 미묘한 법을 연설하였다. 그들은 모두 멀리서 우러러 분명히 바라보고 공경하고 우러러는 마음이 더욱 더하였다.

부처님은 그들을 위하여 설법하셨다. 그들은 그 뜻을 따라 모두 큰 마음을 내어 물러나지 않는 자리에 머무르고 혹은 천상에 날 과보를 얻는 이가 헤아릴 수 없었다.

제11일에는 수달 장자가 부처님을 청하였다.

부처님은 그 날 높은 자리 위에서 스스로 몸을 숨기고 아주 고요하여 나타나지 않으셨다. 다만 광명을 놓고 부드럽고 연한 음성을 내어 미묘한 모든 법을 분별하고 연설하셨다. 대중들은 그 법을 듣고 깨달아 큰 마음을 내어 물러나지 않는 자리에 머무르는 이도 있고 천상에 날 과보를 얻은 이도 매우 많았다.

제12일에는 질다 거사가 부처님을 청해 공양하였다.

부처님은 그날 자심慈心 삼매에 들어 금색 광명을 놓아 대천세계를 두루 비추었다. 그 광명에 부딪치는 중생들은 세 가지 독의 마음이 사라지고 저절로 사랑하는 마음을 일으켜 중생을 평등하게 보기를 아버지나 어머니나 형이나 아우처럼 하되 사랑하는 마음은 조금도 더하고 덜함이 없었다.

그 때에 부처님은 그들을 위하여 여러 가지 묘한 법을 말씀하셨다. 그들은 큰 마음을 내어 물러나지 않는 자리에 머무르고 혹은 천상에 날 과보를 얻은 이가 이루 다 헤아리기 어려웠다.

제13일에는 둔진타라왕이 부처님을 청하여 공양을 차렸다.

부처님은 그 날 높은 자리에 올라 배꼽으로 광명을 놓아 두 갈래로 나누되 몸에서 일곱 길이 떨어지게 하였다. 그 광명 끝에는 각각 연꽃이 있고 연꽃 위에는 화신불이 있어 부처님과 다름이 없었다. 그 화신불도 배꼽으로 광명을 놓아 두 갈래로 나누되 몸에서 일곱 길이 떨어지게 하였다. 그 광명 끝에는 연꽃이 있고 연꽃 위에는 화신불이 있었다. 이렇게 변화하여 대천세계에 두루 하였다. 대중들은 그것을 보고 놀라고 기뻐하였다.

그 때 부처님은 그 뜻을 따라 대중들에게 설법하셨다. 그들 중에는 큰 마음을 내어 물러나지 않는 자리에 머무르는 이도 있고 천상에 날 과보를 얻은 자도 매우 많았다.

제14일에는 우다야나왕이 부처님을 청하였다.

때에 우다야나왕이 부처님 위에 꽃을 흩었는데 부처님은 곧 꽃을 변화시켜 1천 2백 50개의 보배수레를 만드셨다. 그 높이는 범천에 이르렀고 광명은 금산보다 빛났다. 온갖 보배의 여러 가지 빛깔은 아름답게 서로 비추어 한량없이 찬란하였고 신기한 구슬과 영락으로 그 사이사이에 섞였다. 높은 수레들 안에는 모두 부처 몸이 있어 큰 광명을 놓아 삼천세계를 두루 비추었다. 대중들은 그 변화를 보고 기쁜 마음과 공경하는 마음이 절로 커졌다.

부처님이 대중들에게 곧 설법하시니 이는 병을 따라 약을 쓰는 것과 같았다. 그들은 모두 큰 마음을 내어 물러나지 않는 자리에 머무르는 이도 있고 혹은 도를 얻어 천상에 나는 이도 매우 많았다.

드디어 제15일에는 빔비사라왕이 부처님을 청하였다.

부처님은 미리 왕에게 분부하여 음식 그릇만 준비하라 하셨다. 그래서 왕은 다만 그릇만 많이 준비하고 음식을 만들지 않았다.

이윽고 공양 때가 되었다. 모든 그릇에는 갖가지 맛나고 아름다운 음식이 가득하여 대중들이 실컷 먹고도 남았으며 먹은 뒤에는 몸과 마음이 저절로 편하고 즐거웠다.

때에 부처님께서 손으로 땅을 가리키시니 열여덟 지옥이 한꺼번에 나타났다.

거기서 죄를 받는 한량없는 사람들이 제각기 모두 말하였다.

'나는 전생에 어떠한 죄를 지었기에 지금 이런 고통을 받는고.'

대중들은 모두 그것을 보고 못내 슬퍼하고 가엾게 여겨 온 몸에 소름이 끼쳤다.

부처님은 대중들의 뜻에 맞게 설법하셨다. 그들 중에는 큰 마음을 내어 물러나지 않는 자리에 머무르는 이도 있고 천상에 날 과보를 얻은 이도 이루 다 셀 수 없었다.

이 때에 지옥 중생들도 부처님을 뵈옵고 법을 들음으로 말미암아 공경하고 우러르는 마음이 생겨 모두 멀리서 귀의하였다. 그래서 마침내 모두 천상이나 인간에 나게 되었다.

십선행의 상징
부처님 발바닥 연꽃

·····🌸·····

열다섯 날 동안 부처님의 신력을 보고 환희심을 일으킨 빔비사라왕은 가만히 꿇어앉아 부처님께 사뢰었다.

"저희들이 부처님의 서른두 가지 신기한 모습 중에서 몸이나 손의 모습은 일찍 뵈었나이다. 그러하오나 아직 부처님 발바닥의 바퀴 모양은 보지 못하였으니 원컨대 대중들에게 모두 보게 하소서."

부처님은 곧 다리를 내어 대중에 보이셨다. 대중들은 부처님 발바닥의 바퀴 모양이 단엄하고 빛나며 그 무늬가 그림 같아서 모두 환히 나타난 것을 보았다. 아무리 보아도 싫증이 나지 않는 모습이었다.

왕은 기뻐하면서 다시 여쭈었다.

"알 수 없나이다. 부처님께서는 본래 어떤 공덕을 지었사옵기에 그런 묘한 바퀴 모양을 이루셨나이까."

부처님은 말씀하셨다.

"나는 과거에 내 스스로 열 가지 선행을 닦고 또 남에게도 가르쳤기 때문에 이처럼 분명히 발바닥에 바퀴 모양을 얻은 것이요."

왕은 또 여쭈었다.

"부처님이시여, 스스로 열 가지 선행을 닦고 또 남에게도 가르쳤다는 그 일은 어떠하나이까? 원컨대 가르쳐 주소서."

부처님은 말씀하셨다.

"과거 무수한 아승지 겁에 이 잠부드비파에 큰 나라에 왕이 있어 이름을 시타니미라 하였다. 그는 8만 4천 나라와 8만억 촌락과 1만 대신을 거느렸으며 또 2만 부인이 있었다. 그러나 어떤 부인도 아들이 없었기에 왕은 매우 근심하면서 나라의 대가 끊어질까 걱정하여 여러 하늘에 기도하였다.

왕의 첫째 부인은 이름을 수리파리만이라 하였는데 그는 몇 시간을 지내고 곧 임신된 것을 깨달았다. 아이를 밴 뒤로는 심성이 총명하여지고 인자하고 측은한 마음이 있어 남에게 선행을 권하였다.

달이 차서 한 사내 아이를 낳았는데 얼굴은 뛰어나게 단정하고 모양은 두드러지게 아름다우며 온 몸의 털구멍에는 모두 광명이 있었다. 왕은 몹시 기뻐하여 아무리 보아도 싫증이 나지 않았다.

곧 사람을 불러 그 길흉을 보게 하였는데 관상 보는 이가 아이를 자세히 보고는 찬탄하였다.

'신기합니다. 이 아이의 상은 뛰어납니다. 그 덕은 천하를 편안하게 하여 모든 사람이 공경히 받들 것입니다.'

왕은 더욱 기뻐하여 이름을 지으라고 명령하였다.

관상 보는 이가 왕에게 아뢰었다.

'아이를 가졌을 때 어떤 이상한 징조가 있었습니까?'

왕은 말하였다.

'이 아이를 밴 뒤로 그 어미는 총명하고 지혜로우며 인자하여 선행을 권하였다. 다른 징조도 많았으나 그 징조가 제일 특별하였 노라.'

관상 보는 이가 놀라고 기뻐하면서 왕에게 아뢰었다.

'어머님이 미리 지혜로웠고 아이의 몸에 광명이 있으니 이름을 금광金光이라 하소서.'

태자는 점점 자라나면서 지혜가 남보다 뛰어났다.

어느 날 부왕이 세상을 떠났다. 장례를 마친 신하들은 태자에게 왕위를 잇도록 권하였다.

태자가 굳이 사양하자 신하들이 말했다.

'대왕이 이미 돌아가시고 오직 태자가 있을 뿐입니다. 다른 형제 가 없는데 싫다고 말씀하시니 그러면 누구에게 왕위를 미루어 주 십니까?'

태자는 대답하였다.

'세상 사람이 악을 행할 때는 반드시 순하게만 다룰 수 없소. 만 일 그들에게 형벌을 주면 내게 죄 됨이 적지 않을 것이요. 그러므로 만일 백성을 다스리되 백성들이 열 가지 선행을 두루 행할 수 있다 면 나는 기꺼이 나라 일을 맡을 수 있소.'

신하들은 말했다.

'태자시여, 좋습니다. 원컨대 궁전에 오르소서. 열 가지 선의 길은 명령을 내려 행하도록 하소서.'

그 때에 태자는 곧 왕위에 올라 백성들에게 명령을 내려 열 가지 선행을 두루 행하라 하였다. 백성들은 공경하고 순종하여 마음을 고치고 행동을 바꾸었다.

때에 마왕은 그것을 시기하여 왕의 교화를 무너뜨리려 가만히 글을 만들어 여러 작은 나라에 보내면서 명령하였다.

'전에 왕이 명령하여 선을 행하라 하였지만 그것은 아무 효과가 없을 뿐 아니라 한갓 노고만 더하여 쓸데없는 짓을 하는 것이다. 지금부터는 백성들이 열 가지 나쁜 행을 하는 것을 허락한다. 다시는 꺼리지 말라.'

작은 나라 왕들은 이 글을 받고 괴상히 여기되 '무엇 때문에 이치를 어기어 사람에게 악을 따르라고 권하는가' 하고 각기 왕에게 친서를 보내어 그 까닭을 물었다.

왕은 그 글을 보고 깜짝 놀라 말하였다.

'나는 그런 영을 내린 일이 없는데 어떻게 된 일일까?'

왕은 곧 수레를 타고 몸소 여러 나라로 돌아다니면서 백성들을 만나보고 그 다른 영은 잘못된 것이라고 선언하였다.

그 때에 악마는 길가에서 어떤 사람으로 화하여 큰 불 속에 빠져 있었다. 그 울부짖는 소리가 몹시 슬프고 간절하여 왕이 듣고 멈추었다.

왕이 사람으로 변한 악마에게 물었다.

'너는 왜 그러는가?'

악마가 아뢰었다.

'나는 전생에 남에게 열 가지 선행을 권하였기 때문에 지금 이렇게 견디기 어려운 고통을 받고 있습니다.'

왕이 이상하게 여겨 물었다.

'어떻게 그런 일이 있겠는가. 남에게 선행을 닦으라 권하고 도리어 고통을 받는다니.'

왕이 다시 물었다.

'열 가지 선행을 권하였기 때문에 너에게 그런 고통을 받게 한다면 이전에 그 권유를 받아 열 가지 선을 행한 사람은 좋은 갚음을 받았겠는가?'

악마가 대답하였다.

'이전 사람은 좋은 복을 얻었습니다. 다만 나는 남에게 가르쳤기 때문에 홀로 이런 고통을 받습니다.'

왕은 그 말을 듣고 기뻐하면서 말하였다.

'다만 먼저 사람으로 하여금 좋은 복을 받게 하였다면 그 고통을 달게 받을 것이요, 그것을 탓할 것이 없다.'

악마는 이 말을 듣고 곧 형상을 숨기고 사라졌다.

왕은 여러 나라를 두루 돌아다니면서 열 가지 선행을 펼쳤다. 백성들은 거기에 교화되어 몸과 말과 뜻을 조심하여 바른 교화가 두루 퍼졌으며 모두 왕을 우러러 사모하고 왕의 덕은 높아지고 빛났다. 왕은 천하를 돌아다니면서 선으로 인도하는 것을 의무로 삼았다.

그 때의 시타미니왕은 바로 지금의 내 아버지 정반왕이요, 그 어머니는 바로 지금의 내 어머니 마하마야이며, 그 때의 혜광왕으로서 열 가지 선행으로 백성을 교화한 이는 바로 지금의 이 내 몸이다. 나는 그 세상에서 스스로 열 가지 선을 행하고 또 백성들에게 권해 그것을 행하게 하였기 때문에 오늘 이 발바닥의 천 폭의 바퀴 모양을 얻게 된 것이니라."

그 때에 아난다와 대중들은 부처님 말씀을 듣고 그대로 선행을 닦았고 부처님의 가르침을 공경하고 존중하였으며 기뻐하면서 믿고 받들어 행하였다.

악업을 선업으로 바꿔
전륜성왕에 오른 다라후타

여섯 외도들의 어리석은 행동을 보고 빔비사라왕이 부처님께 사뢰었다.

"저 여섯 외도 무리들은 미혹하여 자기들의 실력은 헤아리지 못하고 이익에만 탐착하고 질투심을 일으켜 부처님과 신력을 겨루려 하였나이다. 그들은 말하기를 '부처가 한 가지를 부리면 우리는 두 가지를 부린다'고 하였나이다. 그러나 부처님께서 헤아릴 수 없는 신변을 나타내시면서 저들은 그만 움츠러들어 한 가지 술법도 부리지 못하고 제 꼴이 부끄러워 몸을 던져 물에 빠져 죽었나이다. 그리고 그 무리들도 모두 흩어져 스스로 재앙을 남겼으니 그 미혹함이 어찌 그리 심하나이까."

부처님은 말씀하셨다.

"저 여섯 외도는 이름과 이익을 다투기 때문에 내게 대결을 구하다가 제 몸을 죽이고 그 무리를 잃은 일이 오늘만은 아니요, 지나간 세상에서도 나와 다투다가 나는 그를 죽이고 그 무리를 빼앗은 일이 있었소."

왕은 꿇어앉아 다시 여쭈었다.

"알 수 없나이다. 부처님께서 지나간 세상에 저 여섯 외도들과 싸워 그 무리를 빼앗은 일은 어떠하나이까. 원컨대 자세히 말씀하여 주소서."

부처님은 말씀하셨다.

"과거 무량무수 아승지 겁에 이잠부드비이파에 한 나라에 왕이 있어 이름이 마하사구리라 하였다. 그는 5백의 작은 나라 왕을 거느리고 5백 부인을 두었다. 그러나 그 뒤를 이을 태자가 없어 고민하였는데 제석천이 멀리서 왕의 근심을 알고 곧 하늘에서 내려와 의사로 변하여 왕에게 나아가 근심하는 까닭을 물었다. 왕이 사정을 이야기하자 의사는 아뢰었다.

'다시는 근심하지 마십시오. 나는 왕을 위해 설산에 들어가 여러 가지 약을 캐어 부인에게 드리겠습니다. 그 약을 먹으면 반드시 아기를 가질 것입니다.'

의사는 곧 설산으로 들어가 갖가지 약초를 캐어 가지고 왕국으로 메고 돌아와서 젖에 달여 큰 부인에게 주었다. 그러나 큰 부인은 냄새를 싫어하고 또 마음으로 믿지 않아 의사가 하늘로 돌아간 뒤에도 그것을 먹으려 하지 않았다. 그래서 다른 작은 부인들이 그것을 다 나누어 먹었고 오래지 않아 아이를 가졌다. 이를 알게 된 큰 부인 역시 그 약을 먹고 아이를 가지게 되었다.

　얼마 후 작은 부인들이 달이 차서 모두 사내를 낳았는데 얼굴이 뛰어나게 단정하였다. 왕은 그 왕자들을 보고 못내 기뻐하였다.

　큰 부인도 달이 차서 사내를 낳았다. 그러나 그 얼굴은 극히 추해 마치 썩은 나무 그루터기 같았다. 부모는 그것을 보고 마음이 언짢아서 이내 이름을 다라후타(썩은 나무 그루터기)라고 지었다. 나이가 들어 다른 여러 형들은 모두 장가를 들었으나 오직 다라후타만은 생각도 하지 못하였다.

　어느 날 변방 나라에서 군사를 일으켜 쳐들어왔다. 5백 왕자들은 군사를 거느리고 나가 항거하였으나 첫 싸움에 패해 쫓겨와 성으로 돌아왔다.

　다라후타 왕자는 형들에게 물었다.

　'형님들, 왜 쫓겨 왔습니까. 몹시 황급한 것 같습니다.'

　형들은 말하였다.

　'싸움이 우리에게 이롭지 못해 적군에게 쫓겨 물러왔다.'

　다라후타는 말하였다.

　'그 땅은 적군에게 침범을 당할 수 없습니다. 우리 선조가 쓰던 큰 활과 고동을 가져 오시오. 내가 가서 무찌르겠습니다.'

　그 선조란 바로 전륜왕이었다. 다라후타가 활을 잡아 잔뜩 퉁기니 활 소리는 우레와 같았고 화살 소리는 40리에 들렸다. 그는 활과 고동을 가지고 혼자서 적군을 치러 나갔다. 다라후타의 고동 소리에 적군은 혼비백산하여 흩어져 달아났고 그는 금의환향하였다.

부왕은 그제서야 아들을 달리 대우하고 사랑하여 장가를 들이려고 여러 가지 방편을 깊이 생각하였다.

그 무렵 어떤 나라에 왕이 있어 이름을 율사발차라 하였다. 그에게는 딸이 있어 절세 미인으로 이름이 나 있었다.

마하사구리왕은 사신을 보내어 혼인을 청하고 율사발차의 허락을 받았다.

왕은 아들 다라후타에게 분부하였다.

'지금부터는 낮에 부인을 보지 말고 밤에만 서로 만나라.'

그때에 여러 부인들은 서로 모여 이야기를 하면서 모두 자기 남편의 갖가지 재주와 덕을 자랑하였다. 그러자 다라후타의 아내도 '우리 남편은 용맹스럽고 힘이 장사며 또 몸은 부드러워 참으로 존경하고 사랑할 만하다'고 말하였다.

그러자 다른 부인들이 '네 남편 모양은 흡사 썩은 나무 그루터기 같더라. 만일 네가 낮에 본다면 깜짝 놀랄 것이다.'라고 일러주었다.

다라후나의 아내는 그 말을 듣고 슬피 돌아와 등불을 준비하여 으슥한 곳에 감추어 두었다가 밤에 남편이 잠들기를 기다려 그 모양을 보았다. 아내는 몹시 놀라고 두려워 그 밤으로 수레를 타고 본국으로 돌아가버렸다.

날이 밝아 다라후타는 잠이 깨어 아내가 없어진 것을 발견하고 매우 걱정하면서 활과 고동을 가지고 그 자취를 밟고 쫓아갔다. 그곳에서 다라후타는 율사발차를 공격하는 여섯 부족의 무리들을 물리치고 아내를 다시 본국으로 데리고 왔다.

다라후타는 궁중으로 돌아와 아내를 꾸짖었다.

'그대는 왜 전 날 밤에 나를 버리고 도망갔던가.'

아내는 대답하였다.

'당신 형상이 하도 추하기에 처음 보고 놀라 사람이 아니라 생각하였습니다.'

다라후타는 거울을 들고 스스로를 비추어 보았다. 그 모양이 참으로 썩은 나무 그루터기 같아 그는 곧 숲속으로 들어가 자살하려 하였다.

이 때에 제석천이 멀리서 그것을 알고 내려와 다라후타의 마음을 위로하고 보배구슬 하나를 주면서 말하였다.

'이것을 항상 정수리에 넣어두면 얼굴이 단정하게 될 것이다.'

그는 기뻐하면서 그것을 받아 정수리에 넣어 두었고 이내 몸이 이상해지는 것을 깨달았다.

다라후타는 다시 궁중으로 돌아갔다. 활을 가지고 바깥으로 나가려다가 아내를 만났다.

아내는 그를 보고도 알아채지 못하고 물었다.

'당신은 어떤 사람이오. 거기에 손을 대지 마시오. 남편이 오면 화를 낼 것이오.'

그는 말하였다.

'나는 네 남편이다.'

그래도 아내는 믿지 않았다.

'내 남편은 얼굴이 매우 추악한데 당신은 아주 단정하오. 당신은 어떤 사람이오?'

다라후타는 곧 구슬을 뽑고 본래 얼굴을 보여 주었다.

아내는 놀라고 기뻐하면서 물었소.

'어떻게 그리 되었습니까.'

그는 구슬을 얻은 내력을 모두 이야기하였다.

아내는 그 때부터 남편을 존경하고 사랑하였으며 다라후타는 그 때부터 이름을 다시 지어 수타라선(보배구슬)이라 하였다.

수타라선은 사방 4백리 되는 성을 쌓고 다시 명령하여 사방 40리 되는 궁전을 지었으며 궁성과 거리와 누각과 사택과 수림과 연못을 모두 네 가지 보배로 장엄하여 아름답고 깨끗하기 거의 천상과 같았다. 왕은 오래토록 사방 나라를 모두 통치하면서 백성을 교화하고 선행을 닦았다.

대왕이여, 알아야 하오. 그 때의 마하사구리는 바로 지금의 내 아버지 정반왕이요, 그 어머니는 바로 지금의 내 어머니 마하마야이며, 추한 왕자 다라후타는 바로 지금의 이 내 몸이요, 그의 부인은 바로 지금의 고피카요, 그 부인의 아버지는 바로 지금의 마하카사파며 그 여섯 국왕으로서 병력을 가지고 율사발차를 핍박한 이들은 바로 지금의 저 여섯 외도요."

다라후타의 선업을 들은 빔비사라왕이 다시 부처님께 사뢰었다.
"다라후타가 선업으로 복덕과 힘은 강하였다고 하지만 어찌 하여 얼굴이 그처럼 추하였나이까."
부처님은 말씀하셨다.
"다 그런 인연이 있소. 잘 들어 보시오. 과거의 헤아리기 어려운 무량아승지 겁에 잠부드비이파에 큰 나라가 있어 이름을 바라나시라 하였다. 그 나라에 선인仙人이 사는 산이 있어 이름을 율사라 하였다.
그 선산에 프라데카부처가 있었는데 그는 풍병이 있어 기름을 먹어야 했다. 어느 날 기름집에 갔더니 주인이 성을 내어 꾸짖었다.
'그대는 머리는 썩은 나무 그루터기 같고 손발은 수레 굴대 같은 것이 제 힘으로 살려하지 않고 남의 집을 엿보는데다가 돈으로 기름을 사려 하지 않고 다만 거저 얻으려 하는구나.'
이렇게 나무라면서 그에게 기름 짜고 남은 찌꺼기를 주었다.
그러나 프라데카부처는 그 마음을 매우 고맙게 여기고 기름찌꺼기를 받아 둘러메고 갔다.
마침 기름집 부인이 밖에서 들어오다가 프라데카부처를 보고 마음으로 매우 공경하고 우러르면서 그에게 물었다.
'어디서 오십니까. 그 찌꺼기는 무엇에 쓰려 하십니까?'
프라데카부처는 사실대로 대답하였다. 부인은 남편이 원망스럽고 미안하여 그를 도로 데리고 들어가 바리에 기름을 가득 채웠다.

그리고 남편을 원망하고 꾸짖었다.

'당신이 잘못이요. 어떻게 이 찌꺼기를 주었소. 당신은 뉘우치고 그 말을 사과하시오.'

부인의 말을 들은 남편은 마음으로 뉘우치고 그에게 사과하였다. 그리고 두 부부는 한 마음으로 그에게 아뢰었다.

'만일 기름이 필요하면 날마다 와서 가져가십시오.'

그 뒤로 그는 자주 기름집에 가서 기름을 가져갔는데 그 은혜에 감사하여 주인 부부 앞에서 자주 신통을 나타내었다. 허공에 날아올라 몸에서 물과 불을 내고 몸을 나누었다가 합하곤 하면서 갖가지 변화를 부렸다. 주인 부부는 그것을 보고 매우 기뻐하면서 존경하고 우러르는 마음이 더욱 더하였다.

남편이 아내에게 말하였다.

'당신이 기름을 보시한 복으로 후생에도 그 과보를 같이 받아 부부가 됩시다.'

그러나 아내는 이렇게 대답하였다.

'당신은 그 도사에게 나쁜 말을 했고, 또 기름 찌꺼기를 보시하였으니 깨끗한 마음이 없소. 그러므로 태어나는 곳마다 그 얼굴이 추악할 것이요. 그런데 어떻게 당신과 부부가 되겠소.'

남편은 대답하였다.

'내가 항상 고생하여 기름 원료를 쌓아 두었는데, 어떻게 그대 혼자서 보시하였겠는가. 만일 나와 부부가 되지 않으면 결코 다른 사

람과 부부되는 것을 허락하지 않을 것이다.'

아내가 단호하게 답하였다.

'만일 당신 아내가 되어 그 추한 꼴을 보게 되면 밤에 당신을 버리고 도망칠 것입니다.'

남편도 꿋꿋하게 말했다.

'아무리 네가 도망쳐도 나는 쫓아가서 잡고야 말 것이다.'

이런 대화를 나누었지만 결국 부부는 부처님께 몸과 마음으로 귀의하고 지성으로 참회하였다.

프라데카부처는 그들에게 일렀다.

'너희들이 준 기름으로 내 병은 다 나았다. 너희들의 소원을 말하면 모두 이루게 하리라.'

그들은 매우 기뻐하면서 꿇어앉아 소원을 말하였다.

'우리 부부로 하여금 천상이나 인간의 어느 곳에 나든지 만사가 뜻대로 되어지게 해주십시오.'

대왕은 알아야 하오. 그때의 그 기름집 주인은 바로 다라후타요, 그 주인의 아내는 바로 다라후타의 아내였소. 다라후타는 프라데카부처에게 기름 찌꺼기를 주며 '머리는 썩은 나무 그루터기 같고 손발은 수레 굴대 같다'고 성내어 말하였기 때문에 태어나는 곳마다 처음에는 그 나쁜 말처럼 형상이 추악하였소. 하지만 그 뒤 참회하고 즐겁게 보시하였기에 태어나는 곳마다 얼굴이 도로 단정하게 된 것이오. 또 기름을 보시하였기 때문에 항상 힘이 세어 수천

만 명이 감당하지 못하였으니 모두 그 복덕 때문이었소. 그리고 전륜왕이 되어 사방 나라를 다스리는 복을 받고 다섯 가지 향락을 누렸던 것이요. 이처럼 선악의 업은 썩지 않는 것이요. 그러므로 중생들은 언제나 도를 생각하고 몸과 말과 뜻을 조심하여 도행을 닦아야 하오."

빔비사라왕 등 모든 왕과 신민과 하늘·용·귀신들은 부처님 말씀을 듣고 아라한에 오르는 이도 있었고, 푸라데카부처가 될 좋은 뿌리를 심는 이도 있었으며, 위없는 큰 도의 마음을 내는 이도 있었고 혹은 물러나지 않는 자리에 옮아앉는 이도 있었다.

그들은 모두 기뻐하면서 예경하고 받들어 행하였다.

바른 법 듣기 어렵고
들어도 믿기 어렵고
믿어도 실천하기 어렵다

듣고 믿고 실천하는 이!
이 사람 누구인가
부처님 은혜가 뼈골에 사무친다
부끄럽고 부끄럽다
이 은혜를 어떻게 갚을 것인가

보시바라밀의
완성을 보여준
월광왕

어느 때 부처님은 바이샬리국의 암라나무 동산에 계셨다.

그 때에 부처님이 아난다에게 말씀하셨다.

"네 가지 신족神足을 가진 사람은 능히 한 겁을 더 오래 살 수 있다. 그런데 나는 네 가지 신족을 극히 잘 닦았다. 그러면 나는 지금 얼마나 더 오래 살겠느냐."

이렇게 세 번까지 말씀하셨다.

그 때에 아난다는 악마에게 홀려 부처님의 분부를 듣고도 잠자코 대답하지 않았다.

부처님은 말씀하셨다.

"너는 일어나 한적한 곳에 가서 생각해보라."

아난다는 자리에서 일어나 숲 속으로 갔다.

아난다가 떠난 뒤에 악마 파피야스는 부처님께 나아가 사뢰었다.

"부처님께서는 세상에 계시면서 오랜 동안 교화하셨나이다. 그리하여 사람을 두루 제도하시어 생사를 벗어난 사람의 수는 강가의 모래알 같나이다. 더구나 이제 늙으셨으니 열반에 드시는 것이 좋겠나이다."

부처님은 땅의 흙을 조금 집어 손톱 위에 얹으시고 악마에게 말씀하셨다.

"땅의 흙이 많은가, 손톱 위의 흙이 많은가."

악마는 대답하였다.

"땅의 흙이 아주 많고 손톱 위의 흙은 말도 안 되게 적나이다."

"내가 제도한 중생은 손톱 위의 흙과 같고 아직 제도하지 못하고 남은 중생은 온 땅덩이의 흙과 같느니라."

부처님은 이어 말씀하셨다.

"지금부터 석 달 뒤에 나는 열반에 들 것이다."

파피야스는 그 말씀을 듣고 기뻐하면서 떠났다.

그 때에 아난다는 숲속에 앉아 있다가 갑자기 잠이 들었다. 꿈에 허공을 두루 덮은 큰 나무를 보았다. 그 나무는 가지와 잎사귀가 울창하고 꽃과 열매는 무성하여 일체 중생이 모두 그것을 힘입음으로써 그 나무의 공덕은 갖가지로 기묘하여 이루 헤아릴 수 없었다. 그런데 갑자기 회오리바람이 일어나 나무를 불어치매 가지와 잎사귀가 떨어지고 부러졌다. 그리하여 중생들이 슬퍼하지 않는 이가 없었다.

아난다는 놀라 깨어 마음이 두렵고 불안하였다.

아난다는 깊이 생각하였다.

'꿈에 본 나무는 뛰어나고 묘하기 한량 없어 온 천하가 은혜를 입었는데 무슨 인연으로 바람을 만나 그처럼 부러졌는가. 지금 부처님이 일체 중생을 덮어 기르는 것은 마치 그 큰 나무와 같다. 행여나 부처님이 열반에 들려고 하시는 것은 아닐까.'

이렇게 생각하자 겁이 더럭 나서 부처님께 나아가 예배하고 사뢰었다.

"저는 아까 이러이러한 꿈을 꾸었나이다. 부처님께서 행여나 열반에 드시려는 것은 아니옵니까."

부처님은 말씀하셨다.

"네 말과 같다. 나는 석 달 뒤에 열반에 들 것이다. 나는 아까 너에게 '네 가지 신족을 얻은 사람은 능히 한 겁을 더 오래 살 수 있다. 나는 네 가지 신족을 극히 잘 닦았다. 그러면 나는 지금 얼마나 더 오래 살겠는가.'고 세 번이나 물었지만 너는 대답하지 않았다. 네가 간 뒤에 악마가 내게 와서 열반에 들기를 권하였다. 그래서 나는 이미 허락하였느니라."

아난다는 이 말씀을 듣고는 슬프고 아찔하며 괴로움에 어쩔 줄을 몰랐다. 제자들은 그 말을 서로 전해 듣고 모두 슬퍼하면서 부처님께로 몰려왔다.

부처님은 아난다와 제자들에게 말씀하셨다.

"모든 것은 덧없는 것이어늘 누가 영원히 존재하겠느냐. 나는 너희들을 위하여 할 일을 이미 마쳤고 할 말을 다 말하였다. 다만 너희들은 부지런히 닦고 익혀야 한다. 무엇 때문에 근심하고 슬퍼하느냐. 그것은 수행에 아무 도움도 없느니라."

사리불은 부처님께서 열반에 드신다는 말을 듣고 못내 놀라워하면서 곧 사뢰었다.

"부처님의 열반은 어이 그리 빠르시나이까. 세상눈이 멸하시매 다시는 의지할 곳이 없나이다."

그리고 다시 사뢰었다.

"저는 지금 차마 부처님께서 열반에 드시는 것을 뵈올 수 없나이다. 제가 먼저 열반에 들고 싶나이다. 원컨대 부처님께서는 허락하여 주소서."

사리불은 이렇게 세 번 되풀이하였다.

부처님은 말씀하셨다.

"때를 알아 하라. 일체 성현은 모두 열반하시느니라."

사리불은 부처님의 허락을 받고 옷을 바르게 하고 꿇어앉아 무릎걸음으로 부처님을 백 번 돌고 부처님 앞으로 다가가서 몇 구절 게송으로 부처님을 찬탄한 뒤에 부처님의 두 발을 받들어 정수리에 공손히 얹었다. 이렇게 세 번하고는 합장하고 부처님 곁에 서서 사뢰었다.

"저는 지금 최후로 부처님을 뵈옵나이다."

공경합장하고 엄숙하고 공손하게 물러나 떠났다.

사리불은 사미 균제를 데리고 라자그리하의 본 고장으로 갔다.

거기서 사미 균제에게 분부하였다.

"너는 성안과 촌락으로 돌아다니면서 국왕, 대신과 옛 친구와 여러 시주들에게 '모두 와서 이별하자'고 전하여라."

균제는 스승의 발에 예배하고 두루 돌아다니면서 알렸다.

"우리 스승 사리불께서는 지금 여기 오셔서 열반에 들려고 하십니다. 뵈옵고 싶은 분은 곧 가 보십시오."

그 때에 아자타삿투왕과 그 나라의 장자와 신도와 네 무리들은 균제의 말을 듣고 모두 슬퍼하면서 꼭 같은 소리로 외쳤다.

"존자 사리불께서는 법의 대장으로서 중생들이 우러러보는 어른이신데 어찌 그리 빨리 열반에 드시는가."

그들은 모두 달려가 예배하고 제각기 아뢰었다.

"들자옵건대 존자께서는 목숨을 버려 열반에 드시려 하옵니다. 이제 우리들은 의지할 곳을 잃겠습니다."

사리불은 사람들에게 말하였다.

"일체는 덧없는 것이어서 한번 난 이는 모두 죽는 것이요. 삼계가 모두 괴로운데 그 누가 편안할 수 있겠소. 당신들은 전생의 복으로 부처님 세상을 만났소. 부처님 법은 듣기 어렵고 사람의 몸은 얻기 어렵소. 정성껏 복업을 닦아 생사를 건너도록 하시오."

사리불은 여러 가지 방편으로 널리 대중을 위해 병에 따라 약을 주었다.

그 때에 대중들은 설법을 듣고 첫째 결과와 내지 셋째 결과를 얻은 이도 있고, 집을 떠나 아라한이 되는 이도 있었으며, 또 서원을 세워 불도를 구하는 이도 있었다. 그들은 설법을 듣고 예배하고 돌아갔다.

사리불은 새벽이 되어 몸과 마음을 바로하고 생각을 매어 앞에 두고는 첫째 선정에 들었다. 첫째 선정에서 일어나 둘째 선정에 들고, 둘째 선정에서 일어나 셋째 선정에 들며, 셋째 선정에서 일어나 넷째 선정에 들었다. 넷째 선정에서 일어나 허공경계의 선정에 들고 허공경계에서 일어나 의식경계에 들며 의식경계에서 일어나 아무 것도 없는 경계에 들고, 아무 것도 없는 경계에서 일어나 생각이 있는 것도 아니요 없는 것도 아닌 경계에 들고 생각이 있는 것도 아니요 없는 것도 아닌 경계에서 일어나 생각 끊는 선정에 들고 생각 끊은 선정에서 일어나 열반에 들었다.

때에 제석천은 사리불이 이미 열반에 든 것을 알고 많은 하늘 무리와 백천 권속을 데리고 제각기 꽃과 향 따위의 공양거리를 가지고 허공을 메우면서 그 곳에 이르러 모두 슬피 부르짖을 때 눈물은 쏟아지는 비와 같았으며 온갖 꽃은 흩어져 무릎에까지 쌓이었다.

그리고 제각기 말하였다.

"존자의 지혜는 큰 바다 같이 깊고 상대를 따라 변론할 때에 그 음성은 솟는 샘물 같았으며, 계율과 선정과 지혜를 갖춘 법의 대장으로서 항상 부처님을 따라 널리 법 바퀴를 굴리시더니 어찌 그리 빨리 열반에 드시는가."

도시와 촌락의 안팎 사람들은 사리불이 열반에 들었다는 말을 듣고 모두 타락기름과 향과 꽃 따위의 공양거리를 가지고 달려와 슬퍼하고 사모하며 공양하였다.

때에 제석천은 온갖 보배를 모아 높은 수레를 장엄하고 그 위에 사리불을 모셨다. 여러 하늘과 용과 귀신과 국왕, 백성들은 부르짖으면서 배웅하였다.

넓고 편편한 곳에 이르렀을 때 제석천은 여러 야차들에게 분부하였다.

"바닷가에 가서 붉은 찬다나 향나무를 가져 오라."

야차들은 분부를 받고 곧 향나무를 가지고 와서 쌓아 큰 무더기를 만들고 사리불의 몸을 그 위에 두고 타락기름을 쏟고 불을 놓아 화장하였다. 그리고 예배하고 공양하고는 제각기 돌아갔다.

불이 꺼진 뒤에 사미 균제는 스승의 사리를 거두어 바리에 담고 세 가지 법복을 챙겨가지고 부처님께 나아가 예배한 뒤에 꿇어앉아 사뢰었다.

"저의 스승 사리불은 이미 열반에 들었나이다. 이것은 그 사리요, 이것은 가사와 바리이옵니다."

아난다는 이 말을 듣고 마음이 어지럽고 슬퍼하다가 슬픔이 복받쳐 부처님께 사뢰었다.

"지금 법의 대장인 존자님은 이미 열반에 들었나이다. 우리는 누구를 의지하리이까."

부처님은 말씀하셨다.

"사리불은 이미 죽었으나 그의 계율과 선정과 해탈과 해탈지견의 이러한 법 몸은 죽지 않았느니라. 그리고 사리불은 오늘만 내가 열반에 드는 것을 차마 볼 수 없어 먼저 죽은 것이 아니라 지나간 세상에도 내가 죽는 것을 차마 보지 못해 내 먼저 죽었느니라."

아난다는 합장하고 사뢰었다.

"알 수 없나이다. 부처님이시여, 과거에도 먼저 죽었다는 그 일은 어떠하나이까. 원컨대 설명하여 주소서."

부처님은 말씀하셨다.

"먼 옛날 한량없고 헤아릴 수 없는 아승지 겁 전에 이 잠부드비이파에 월광月光이라는 큰 나라의 왕이 있었다. 그는 8만 4천 나라와 6만 산천과 80억 촌락을 통솔하고 있었다. 그리고 그에게는 2만 부인과 궁녀가 있었다.

첫째 부인 이름은 수마단이요, 1만 대신 중에서 제일가는 이의 이름은 마전타였다. 또 왕에게는 5백 태자가 있었는데 첫째 태자 이름은 시라발타였다. 그 왕이 사는 성 이름은 발타기바인데, 나라는 풍족하고 윤택하여 백성들은 즐거웠으며 진기하고 묘한 것은 이루 다 일컬을 수 없었다.

그 때에 왕은 정전에 앉았다가 갑자기 이렇게 생각하였다.

'대개 사람이 세상에 살면서 높고 호화로우며 부하고 귀하면 천하가 공경하고 우러러 보아 한번 말을 내면 어기는 이가 없으니, 이런 과보는 다 덕을 쌓고 복을 닦음으로 말미암아 이루어진 것이다.

마치 농부가 봄에 널리 뿌림으로 해서 가을과 여름에 풍성하게 거두는데 봄이 와도 부지런히 뿌리지 않으면 가을과 여름에 바랄 것이 없는 것처럼, 나도 지금 그와 같아서 전생에 복을 닦았기 때문에 지금 이런 묘한 결과를 얻었다. 지금 또 심지 않으면 뒤에 바랄 것이 무엇인가.'

이렇게 생각하고 여러 신하들에게 말하였다.

'나는 지금 묘한 보배창고의 물건을 내어 성문과 저자에 두고 큰 보시를 행하되, 그 중생들의 일체 필요한 것을 따라 모두 나누어 주리라.'

신하들은 금당金幢깃발을 세우고 금북을 쳐서 널리 영을 내려 왕의 인자한 조칙을 전하여 멀고 가까운 데나 안팎 사람들을 모두 듣고 알게 하였다. 그러자 나라의 사문이나 바라문으로서 빈궁하고 외로운 사람들은 구름처럼 모여 들었다. 옷이 필요한 이에게는 옷을 주고 밥이 필요한 이에게는 밥을 주며, 금 은의 보물이나 병에 따라 약을 구하는 이에게는 모두 필요한 것을 그 마음에 맞추어 베풀었다.

그 때에 변방에 있는 작은 나라의 왕 비마사나는 월광왕의 아름다운 이름이 높고 크다는 말을 듣고 마음으로 질투하여 누워도 자리가 편안하지 않았다.

그는 생각하였다.

'월광을 없애지 않으면 내 이름이 드러나지 않을 것이다. 이제 방

편으로써 여러 도사와 삯꾼들을 모집하여 이 일을 처리하리라.'

그는 바라문들을 불러 말했다.

'저 월광왕은 이름과 덕망이 멀리 퍼져 사방의 먼 나라들도 모두 그 교화를 받드는데 오직 나만이 비루하여 그런 아름다운 명예가 없다. 내 소원은 그를 없애고자 하오. 어떤 방법을 써야 그 일을 능히 치를 수 있겠소.'

바라문들은 이 말을 듣고 모두 왕에게 아뢰었다.

'저 월광왕의 사랑과 은혜는 일체 중생을 윤택하게 하고, 빈궁과 액난에 걸린 사람을 가엾이 여겨 구제하는 것은 마치 백성들의 부모와 같거늘 우리들이 무슨 심사로 이 나쁜 음모를 꾸미겠습니까. 차라리 자살할지언정 이 일은 할 수 없습니다.'

바라문들은 제각기 흩어져 가면서 공양도 돌아보지 않았다.

비마사나는 더욱 산란하여 두루 영을 내려 널리 모집하였다.

'누가 나를 위해 월광왕의 머리를 벨 수 있겠는가. 나는 나라를 나누어 반은 다스리게 하고 딸을 주어 아내를 삼게 하리라.'

그 때에 어느 산 중턱에 바라문이 있어 이름을 노도차라 하였다. 그는 왕의 영을 듣고 그 모집에 응하였다. 노도차는 제 몸을 보호하는 주문을 외우고 이레가 되어 왕에게 하직 인사를 하였다. 왕이 필요한 것을 제공해주자 그는 길을 떠났다.

그 때에 월광왕 나라에 갖가지 변괴가 나타났다. 땅이 군데군데 갈라지고 번개가 치며 별이 떨어지고 뇌성이 울고 벼락이 쳤다. 새들은 허공에서 몹시 슬피 울어 깃이 빠지고, 짐승들은 제 몸을 던지기도 하고 내닫기도 하면서 울고 부르짖었다.

8만 4천의 여러 작은 왕들은 모두 대왕의 금당기가 부러지고 금북이 찍어지는 꿈을 꾸었다. 대월 대신은 귀신이 와서 왕의 금관을 빼앗는 꿈을 꾸었다. 그들은 모두 근심에 잠겨 마음이 편안하지 못하였다.

그 때에 성문을 맡은 대신은 바라문이 왕의 머리를 얻으려고 하는 것을 알고 마음이 산란하여 아무도 성안에 들여놓지 않았다. 바라문은 성문을 몇 바퀴 돌았으나 들어갈 수 없었다.

이 무렵 수타회천首陀會天은 월광왕이 머리를 보시함으로써 보시가 원만하게 될 것을 알고 꿈을 통해 왕에게 말하였다.

'왕은 꼭 보시하고 여럿의 마음을 거스리지 마시오. 지금 왕의 머리를 얻으려는 사람이 성문 밖에서 들어오지 못하고 있으니 시주를 위한 일이 그렇지 않소.'

왕은 놀라 깨어 곧 대월 대신에게 분부하였다.

'얼른 바라문을 들여보내라.'

때에 바라문은 지름길로 궁전 앞에 와서 크게 외치고 있었다.

'나는 먼 곳에서 왔습니다. 왕은 공덕을 위해 일체를 보시하여 남의 뜻을 거스리지 않는다는 말을 듣고 찾아 왔습니다.'

왕은 그 말을 듣고 그를 맞이하였다.

'먼 길을 오느라 피로하지나 않은가. 네 소원대로 하라. 나라나 도시나 일곱 가지 보배나 종이나 하인 등 무엇이나 가지고 싶다면

그것을 모두 주리라.'

바라문은 말하였다.

'일체의 바깥 물건은 아무리 보시하여도 그 복덕의 갚음은 크고 넓지 못합니다. 몸의 살을 보시하여야 그 복이 묘합니다. 그래서 나는 일부러 멀리서 왔습니다. 왕의 머리를 얻고 싶습니다. 만일 허물하지 않거든 부디 보시하십시오.'

왕이 이 말을 듣고 못내 기뻐하자 바라문은 물었다.

'만일 내게 그 머리를 보시한다면 언제 주시겠습니까.'

왕은 말했다.

'지금부터 이레 뒤에 주리라.'

그 때에 대월 대신은 일곱 가지 보배로 된 머리를 가지고 와서 달래면서 바라문에게 말하였다.

'저 왕의 머리는 뼈와 살과 피가 합해서 된 더러운 물건인데 무엇하려고 그것을 구하는가. 지금 너에게 일곱 가지 보배로 된 머리를 가지고 와서 대신하고 싶은데 너는 이것을 가져라. 이것을 다른 것으로 바꾸면 종신토록 부자가 될 것이다.'

바라문은 말하였다.

'나는 이것은 쓸데없습니다. 왕의 머리를 얻어야 내 마음에 차겠습니다.'

대월 대신은 갖가지로 달래었으나 그는 영영 마음을 돌리지 않았다. 그래서 하도 분해 일곱 갈래로 심장이 찢어져 왕 앞에서 죽었다.

그 때 왕이 신하들에게 명령하였다.

'하루 8천리를 달리는 코끼리를 타고 여러 나라에 두루 알려라. 월광왕은 이레 뒤에 그 머리를 바라문에게 보시할 것이다. 와서 보고 싶은 이는 빨리 달려오라고.'

그러자 8만 4천의 여러 왕들은 모두 잇달아 와서 왕을 보고 그 앞에서 가슴을 치면서 말하였다.

'이 나라 사람들은 왕의 은혜를 입고 모두 풍족하고 즐겁게 지내면서 아무 근심이 없었습니다. 그런데 어찌하여 하루아침에 많은 백성들을 아주 버리고 다시는 가엾이 여기지 않습니까. 원컨대 저희들을 가엾이 여겨 머리를 보시하지 마소서.'

1만 대신들과 2만 부인들도 모두 땅에 몸을 던지고 왕 앞에서 가슴을 치며 부르짖었다.

'저희들을 가여워하시고 불쌍히 여기시어 그 머리를 보시함으로써 영원히 버리지 마소서.'

또 5백 태자들도 왕 앞에서 울면서 말했다.

'저희들은 아직 어리고 외로운데 어디로 돌아가야 하리이까. 원컨대 저희들을 가엾이 여겨 머리를 보시하지 마시고 저희들을 길러 인륜을 성취하게 하소서.'

이에 대왕은 여러 시민과 부인과 태자들에게 말하였다.

'나의 근본을 생각해 보면 이 몸을 받은 뒤로 여러 가지 생사를 겪은 지 이미 오래 되었다. 혹 지옥에 있을 때에는 하루 동안에도 났다가는 이내 죽어 무수히 몸을 버렸다. 내 몸은 여러 가지 더러운 물건으로서 오래가지 못하고 마침내 버리고 말 것이다. 이 위태롭고 약하며 더러운 머리를 버리는 큰 이익과 바꾸는 것이거늘 왜 주지 않겠는가. 나는 이 머리를 바라문에게 보시하고 그 공덕으로 맹세코 불도를 구할 것이다. 만일 불도를 성취하여 공덕을 완전히 갖추면 갖가지 방편으로써 너희들을 고통에서 건질 것이다. 지금 내 보시할 마음은 바야흐로 무르익으려 한다. 부디 나의 위없는 도의 뜻을 막지 말라.'

백성들과 부인과 태자는 왕의 말을 듣고 잠자코 말이 없었다.

그 때 왕이 바라문에게 말하였다.

'만일 내 머리를 가지고자 하면 지금이 바로 그 때이다.'

바라문은 말하였다.

'지금 왕은 백성과 대중들에게 둘러싸였고, 나는 오직 단 몸으로 형세가 약하여 여기서는 왕의 머리를 벨 수 없습니다. 만일 그 머리를 내게 주고 싶으시면 저 후원으로 가십시다.'

그 때에 왕은 여러 작은 왕과 태자와 백성들에게 분부하였다.

'너희들이 진실로 나를 사랑하고 공경하거든 저 바라문을 해치지 말라.'

이렇게 말하고 바라문과 함께 후원으로 들어갔다.

바라문은 다시 왕에게 말하였다.

'왕은 아직 젊고 역사의 힘을 가졌습니다. 만일 머리를 베는 고통을 받으면 혹 도로 후회할는지 모르겠습니다. 왕의 머리털을 저 나

무에 굳게 맨 뒤에라야 머리를 벨 수 있겠습니다.'

왕은 그 말을 따라 가지와 잎이 무성한 튼튼한 한 나무를 골라 굳게 매려고 나무를 향해 꿇어앉아 머리를 나무에 매고 바라문에게 말하였다.

'너는 내 머리를 베어 내 손바닥에 떨어뜨려라. 그리고는 내 손에서 가져가라. 지금 나는 내 머리를 너에게 준다. 그러나 나는 이 공덕으로 악마나 범천, 제석천이나 혹은 전륜성왕이나 삼계의 즐거움을 구하는 것이 아니다. 이로써 위없는 바르고 참된 도를 구하고 맹세코 중생을 구제하여 열반의 즐거움에 이르게 할 것이다.'

때에 바라문은 손을 들어 머리를 베려 하였다.

나무신이 그것을 보고 매우 괴로워하면서 손으로 바라문의 귀를 잡아 목을 비트니 손과 다리는 꼬이고 칼은 땅에 떨어져 꼼짝하지 못하였다.

그 때에 대왕은 곧 나무신에게 말하였다.

'나는 옛날부터 이 나무 밑에서 9백 99개의 머리를 베어 보시하였다. 지금 이 머리를 보시하면 꼭 천개가 찰 것이요. 이 머리를 보시하고 나면 내 보시는 원만히 성취될 것이니 너는 내 위없는 도의 마음을 방해하지 말라.'

나무신은 왕의 이 말을 듣고 다시 바라문을 본래와 같이 놓아 주었다.

바라문이 땅에서 일어나 다시 칼을 잡고 왕의 머리를 베니 머리는 왕의 손바닥에 떨어졌다. 그 때에 천지는 여섯 가지로 진동하여 여러 하늘들의 궁전이 흔들려 편치 않았다. 하늘들은 모두 두려워하면서 그 까닭을 괴상히 여기다가 이내 보살이 일체 중생을 위해 머리를 버려 보시한 것을 보았다. 그들은 모두 내려와 그 놀라운 일에 감격하여 슬픈 눈물은 비와 같았다.

보살들이 찬탄하였다.

'월광 대왕은 머리를 보시하였다. 보시 바라밀이 이제 원만하게 되었다.'

그 소리가 천하에 두루 퍼졌다. 비마사나왕은 이 말을 듣고 기뻐 뛰다가 깜짝 놀라 심장이 찢어져 죽었다. 여러 백성들과 부인과 태자들은 왕의 머리를 보고 몸을 땅에 던지고 같은 소리로 슬피 부르짖으면서 까무라쳤다가 다시 깨어났다.

때에 바라문은 왕 머리의 냄새가 싫어 땅에 던져 짓밟고 떠났다. 바라문이 길을 갈 때에 보는 사람마다 모두 꾸짖고 아무도 밥을 주는 이가 없었다. 그는 굶주리고 피로하여 매우 고통스러웠다. 길에서 어떤 사람에게 소식을 물어 비마사나왕이 이미 목숨을 마친 줄을 알게 된 그는 번민하다가 심장이 일곱 갈래로 찢어져 피를 토하고 죽었다.

아난다여, 알겠느냐. 비마사나왕과 노도차 바라문은 목숨을 마친 뒤에 모두 아비지옥에 떨어졌고 그 밖의 백성들로서 왕의 은혜를 우러러 슬픔에 맺혀 죽은 이는 모두 천상에 났느니라. 그 때의 월광왕은 바로 지금의 내 몸이요, 비마사나왕은 바로 지금의 저 파피야스며, 노도차 바라문은 바로 지금의 저 데바닷타요, 나무신은 바로 지금의 저 마우드갈랴야나며, 대월대신은 바로 지금의 사리불이니라.

그 때에도 사리불은 내가 죽는 것을 차마 보지 못해 나보다 먼저 죽더니 오늘에 와서도 내가 열반에 드는 것을 차마 보지 못해 먼저 죽었느니라."

부처님께서 이렇게 말씀하시자 아난다와 여러 제자들은 부처님 말씀을 듣고 모두 부처님 공덕과 놀라운 행을 찬탄하였다. 모두 알뜰히 수행하여 아라한을 얻는 이도 있었고, 위없는 바르고 참된 도의 마음을 내는 이도 있었다. 그들은 모두 크게 기뻐하여 공경히 받들어 행하였다.

비우고 버리는 것이 공부의 출발이다

인과를 알면 행복한 수행자

1판 1쇄 인쇄 | 2017년 4월 20일
1판 1쇄 발행 | 2017년 5월 3일

지은이 | 무심

펴낸이 | 이명옥
펴낸곳 | 사유수출판사
만든이 | 이미현 박숙경

서울시 마포구 서교동 379-4 이가빌딩 104호
대표전화 | 02-336-8910

등록번호 | 2007-3-4
ISBN 979-11-85920-07-8 03220